Otto-Michael Blume

Paris sera toujours Paris
Paris en chansons

Lehrerhandreichung
mit Kopiervorlagen

Ernst Klett Sprachen
Stuttgart

Paris sera toujours Paris
Paris en chansons

Lehrerhandreichung
mit Kopiervorlagen

von
Otto-Michael Blume

Bildquellennachweis
S. 13: laif (BOTTI/STILLS/Gamma/Eyedea Presse), Köln; S. 18: laif (RAYMOND DELALANDE/JDD/Gamma/Eyedea Presse), Köln; S. 22: Picture-Alliance, Frankfurt; S. 26: Picture-Alliance, Frankfurt; S. 27: laif (Eyedea/Rapho/Robert Doisneau), Köln; S. 28.1: shutterstock (Piotr Majka), New York, NY; S. 28.2: Fotosearch Stock Photography (EyeWire), Waukesha, WI; S. 28.3: shutterstock (rmat), New York, NY; S. 28.5: shutterstock (artproem), New York, NY; S. 28.6: Getty Images RF, München; S. 28.7: MEV Verlag GmbH, Augsburg; S. 28.8: shutterstock (Bomshtein), New York, NY; S. 28.9: iStockphoto (Ivars Zolnerovichs), Calgary, Alberta; S. 31: Fotolia LLC (N.Parneix), New York; S. 32.5 unten: Masterfile Deutschland GmbH, Düsseldorf; S. 32.1 links oben: laif (Robert Doisneau), Köln; S. 32.2 rechts oben: Fotolia LLC (AndreasG), New York; S. 32.3 links Mitte: Ullstein Bild GmbH (Imagno), Berlin; S. 32.4 rechts Mitte: Ullstein Bild GmbH (TopFoto), Berlin; S. 34: laif (VU), Köln; S. 38: laif (CATARINA ERIC/STILLS/Gamma/Eyedea Presse), Köln; S. 41: Ullstein Bild GmbH (histopics), Berlin; S. 42: The Associated Press GmbH, Frankfurt am Main; S. 43: Picture-Alliance (Uwe Gerig), Frankfurt; S. 46: Corbis (Eric Fougere), Düsseldorf; S. 48: Fotolia LLC (gghy), New York; S. 50: Magic Garden Agency, Paris; S. 51: laif (BENAINOUS ALAIN/Gamma/ Eyedea Presse), Köln; S. 56: Fotolia LLC, New York; S. 57: Ullstein Bild GmbH (Brill), Berlin; S. 60: Picture-Alliance (maxppp), Frankfurt; S. 61: Corbis, Düsseldorf; S. 66: Inter Topics GmbH (P.Terrasson/JLPPA), Hamburg; S. 67: laif (Gilles LEIMDORFER/REA), Köln; S. 71: laif (KEYSTONE-FRANCE/Keystone/Eyedea Presse), Köln; S. 77: laif (REA), Köln; S. 79: shutterstock (bouzou), New York, NY; S. 80 rechts; S. 80 links: laif (Eyedea/Rapho/Robert Doisneau), Köln; S. 82: laif (CATARINA ERIC/Gamma/Eyedea Presse), Köln; S. 88: laif (CATARINA ERIC/Gamma/Eyedea Presse), Köln; S. 91: Corbis, Düsseldorf; S. 93: Imago Stock & People, Berlin;

Nicht in allen Fällen war es uns möglich, den Rechteinhaber der Texte (oder Textauszüge) oder der Illustrationen ausfindig zu machen. Berechtigte Ansprüche werden selbstverständlich im Rahmen der üblichen Vereinbarungen abgegolten.

Malgré tous les efforts entrepris, il ne nous a pas été possible de joindre les auteurs ou ayants droit de certains textes (ou fragments de textes) ou d'illustrations. Les personnes concernées sont invitées à se mettre en rapport avec la rédaction afin de régler à l'amiable les questions de droits de reproduction.

1. Auflage   1 ⁵⁴³²¹ | 2013 12 11 10 09

Alle Drucke dieser Auflage sind unverändert und können im Unterricht nebeneinander verwendet werden. Die letzten Zahlen bezeichnen jeweils die Auflage und das Jahr des Druckes. Das Werk und seine Teile sind urheberrechtlich geschützt. Jede Nutzung in anderen als den gesetzlich zugelassenen Fällen bedarf der vorherigen schriftlichen Einwilligung des Verlags.
Hinweis zu § 52a UrhG: Weder das Werk noch seine Teile dürfen ohne eine solche Einwilligung eingescannt und in ein Netzwerk eingestellt werden. Dies gilt auch für Intranets von Schulen und sonstigen Bildungseinrichtungen.

Fotomechanische oder andere Wiedergabeverfahren nur mit Genehmigung des Verlags.

© Ernst Klett Sprachen GmbH, Stuttgart 2009.
Alle Rechte vorbehalten.

www.klett.de

Redaktion: Edith Michaelsen, Michèle Périgault
Umschlaggestaltung: Elmar Feuerbach
Umschlagfoto: Jean-François Mauboussin, « Jean-Michel Grandjean et M. Jean »,
mit freundlicher Genehmigung von Jean-Michel Grandjean.
Mediengestaltung: Sebastian Hutt, Stuttgart
Druck: Medienhaus Plump, Rheinbreitbach
Printed in Germany

ISBN 978-3-12-597086-1

Inhaltsverzeichnis

Erläuterung der Symbole		5
Vorwort		7
I Einleitung		7
II Didaktisch-methodische Hinweise		8
Überblick: Lexikalische, grammatikalische und methodische Schwerpunkte		11

Chapitre 1 — **Paris le jour, Paris la nuit**

Fiche 1.1	Jacques Dutronc, *Il est cinq heures, Paris s'éveille*	13
Fiche 1.2	*Paris s'éveille*	15
Fiche 1.3	Lexique pour parler d'une chanson	16
Fiche 1.4	Bénabar, *Couche-tard et lève-tôt*	18
Fiche 1.5	Philippe Delerm, *Pierre et (sic) seul pour la vie*	19
Fiche 1.6	Textteile für die Rekonstruktion des Textes von Fiche 1.5	20
Fiche 1.7	Analyse de textes lyriques : quelques figures de style (1)	21
Fiche 1.8	Grand Corps Malade, *Je connaissais pas Paris le matin*	22
Fiche 1.9	a. Grand Corps Malade, *C'est quoi le slam ?*	24
	b. Benjamin Roux, *Le slam, la musique des mots*	24
Fiche 1.10	Mano Negra, *Paris la nuit (Ronde de nuit)*	26
Fiche 1.11	a. Jacques Prévert, *Paris at night*	27
	b. Robert Doisneau, *La dernière valse du 14 juillet* (Photo)	27
Fiche 1.12	Révision : lexique et figures de style	28

Chapitre 2 — **Paris l'amour toujours**

Fiche 2.1	Bill Pritchard, *Toi et moi*	30
Fiche 2.2	Guillaume Apolliniare, *Le pont Mirabeau*	31
Fiche 2.3	Activité créative : Inventer une histoire à partir de photos (1)	32
Fiche 2.4	Lexique thématique de l'amour	33
Fiche 2.5	Olivia Ruiz, *Paris*	34
Fiche 2.6	« Paris, partir ou rester ? »	35
Fiche 2.7	Philippe Delerm, *En abyme*	37
Fiche 2.8	Thomas Fersen, *Au Café de la Paix*	38
Fiche 2.9	Jean Rodor, *Sous les ponts de Paris*	40
Fiche 2.10	Edith Piaf, *Paris*	42
Fiche 2.11	François Coppée, *En bateau-mouche*	43
Fiche 2.12	Analyse de textes lyriques : quelques figures de style (2)	44
Fiche 2.13	Thomas Dutronc, *J'aime plus Paris*	45

Inhaltsverzeichnis

Chapitre 3		Paris et les Parisiens	
	Fiche 3.1	Manau, *Fest-Noz de Paname*	46
9	Fiche 3.2	Carte des régions françaises	48
	Fiche 3.3	a. « Paris : Un million de Bretons de cœur »	49
		b. « La Breizh Touch »	50
	Fiche 3.4	Pierpoljack, *Né dans les rues de Paris*	51
10	Fiche 3.5	Activité linguistique : Quelques prépositions (1)	53
	Fiche 3.6	a. « Paris-banlieue : *Je t'aime moi non plus* »	54
		b. « Banlieues françaises : Il est temps de faire tomber le « mur de Paris » ! »	55
	Fiche 3.7	Carte de Paris et sa banlieue	56
	Fiche 3.8	Charles Aznavour, *La bohème*	57
11	Fiche 3.9	Arthur Rimbaud, *Ma bohème*	59
	Fiche 3.10	Lexique pour décrire une image	60
	Fiche 3.11	Renaud, *Les bobos*	61
12	Fiche 3.12	« C'est quoi être bobo aujourd'hui ? »	63
	Fiche 3.13	Lexique de la comparaison	65

Chapitre 4		Paris à pied, à vélo, en métro	
	Fiche 4.1	Les Rita Mitsouko, *Grip Shit Rider in Paris*	66
13	Fiche 4.2	La propreté à Paris (témoignages)	68
	Fiche 4.3	Joe Dassin, *La complainte de l'heure de pointe*	71
14	Fiche 4.4	« Paris Rando Vélo »	72
	Fiche 4.5	*Les Démotorisés* (BD)	73
	Fiche 4.6	Activité linguistique : Quelques prépositions (2)	74
	Fiche 4.7	« Paris à vélo, c'est pour bientôt ? »	75
	Fiche 4.8	Service public, *Fulgence Bienvenüe*	77
15	Fiche 4.9	Leïla Sebbar, *Babel souterraine*	78
	Fiche 4.10	Activité créative : Inventer une histoire à partir de photos (2)	80
	Fiche 4.11	Petit lexique du métro et travaux pratiques	81
	Fiche 4.12	Volo, *Le métro*	82
16	Fiche 4.13	Claudine Galéa, *Rouge métro*	84
	Fiche 4.14	Leïla Sebbar, *Béquilles*	86
	Fiche 4.15	*Tous pou la missic* (BD)	87
	Fiche 4.16	Mano Solo, *Métro*	88
17	Fiche 4.17	Lolita Pille, *Hell*	89

Erläuterungen

Chapitre 5		Paris en danger, hier et aujourd'hui	
	Fiche 5.1	Serge Reggiani, *Les loups sont entrés dans Paris*	91
18	Fiche 5.2	« Paris sous l'Occupation »	93
	Fiche 5.3	Paul Eluard, *Courage*	96
	Fiche 5.4	Louis Aragon, *Paris*	98
	Fiche 5.5	Pow woW, *Zombies dans Paris*	99
19	Fiche 5.6	Lexique de la discussion et du commentaire personnel	100
	Fiche 5.7	« Paris : Pourquoi sauvegarder les vieux quartiers populaires ? »	101

Solutions   103

Erläuterungen der Symbole

- ✏️ Der Bleistift zeigt an, dass diese Übung **schriftlich** gemacht werden kann oder dass etwas notiert werden soll.

- 👥 Diese Aufgabe wird am besten in **Partnerarbeit** (mündlicher Schwerpunkt) gelöst.

- 👥👥 An dieser Stelle bietet sich **Gruppenarbeit** (mündlicher und/oder schriftlicher Schwerpunkt) an.

- ▲ Dieser Text ist ziemlich **schwierig** und kann zur Differenzierung eingesetzt werden.

- 💿 Dieses Lied ist auf der **Audio-CD „Paris sera toujours Paris, Paris en chansons"** (Klett-Nummer: 597085) zu hören.

- 🔍 Diese Aufgabe soll durch die Suche nach Informationen im **Internet** gelöst werden.

  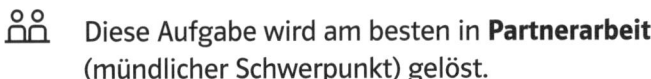

  Um Tipps für die Suche nach Informationen im Internet zu bekommen, geben Sie den entsprechenden Online-Link auf www.klett.de ein.

Vorwort

Paris – vielleicht die meist besungene Stadt der Welt überhaupt. Eine Stadt, die gestern wie heute Jung und Alt wie ein Magnet anzieht. Eine Metropole im dauernden Wandel, im Spannungsverhältnis von Tradition und Fortschritt – morgen *un musée vivant*? Ein Moloch, für den das Individuum keine Rolle zu spielen scheint, der unbarmherzig seine Opfer fordert. Die Stadt der Liebe, der Liebenden und der sozialen Ausgrenzung, *ville lumière et banlieue en flammes*. Geliebt, gehasst, verlassen und doch wieder reumütig zu ihr zurückgekehrt. Paris am frühen Morgen, über Tag, in der Nacht.

Die Chansons und die ergänzenden Texte, Fotos, Plakate, Abbildungen etc. fangen unterschiedliche Facetten der französischen Hauptstadt ein, illustrieren sie, geben Zeugnis. Zugleich sind die 19 Lieder ein Beweis für die ungebrochene Tradition des französischen Chansons: große Stars, wie Charles Aznavour und Edith Piaf, treffen sich mit ebenfalls etablierten, zeitgenössischen Künstlern wie Bénabar und Renaud sowie mit den hierzulande noch weniger bekannten Grand Corps Malade, Olivia Ruiz oder Volo. So unterschiedlich die Namen, so verschieden sind auch die Musikstile, die von der klavierbegleiteten Ballade zum rauen Rock, vom modischen Pop zum Slam, von der Musette zum Rap reichen.

Die Lehrerhandreichung und die Audio-CD (Klett-Nr. 597085) sind für die vertiefende Arbeit an der französischen Sprache konzipiert und entwickelt worden, aber gerade die Musik soll auch Spaß und Lust nach mehr erzeugen. Sprach- und Sacharbeit – ja, aber auch immer wieder einmal *écouter pour le plaisir*. Die von diesem typischen französischen Kulturgut ausgehende Motivation darf nicht durch ausschließlich kognitive Arbeit an seinen Texten zerstört werden.

I Einführung

Die in dem vorliegenden Band zusammengefassten Lied- und Zusatztexte sowie die dazugehörigen Aufgabenstellungen sind in erster Linie für die gymnasiale Oberstufe gedacht. Die *sujets d'étude* orientieren sich in ihrer Formulierung eng an den Operatoren der von der Kultusministerkonferenz beschlossenen Einheitlichen Prüfungsanforderungen in der Abiturprüfung (EPA) und bereiten damit direkt auf die auch in den schriftlichen Abiturprüfungen erwartbaren Arbeitsaufträge vor. Viele Lieder sind aber problemlos bereits am Ende der Sek. I einsetzbar, wobei das Anspruchsniveau der Aufgaben angepasst werden müsste.

Entsprechend den Anregungen des Gemeinsamen europäischen Referenzrahmens (GeR) und den auf seiner Folie entstandenen oder entstehenden Lehrplänen der Länder strebt der Aufgaben- und Übungsapparat darüber hinaus eine möglichst ausgeglichene Förderung der verschiedenen Kompetenzen an.

Plaisir d'écoute et plaisir de lire : die Besonderheiten der Arbeit mit Chansons

Chansons eignen sich grundsätzlich nur bedingt zum Hörverstehen. Es handelt sich zum einen oftmals um vertonte Poesie, die erst in rezeptiver Ruhe als Lesetext erfasst werden kann; in anderen Fällen überlagert die dominante Musik den Text und erschwert das Verstehen. Die *activités avant l'écoute, après la première / deuxième écoute* stellen daher methodische Hilfen dar, den Lernenden die Informationsaufnahme nur über das Hören zu erleichtern. Wir haben in den meisten Fällen auf Aufgaben zum selektiven oder detaillierten Hörverstehen verzichtet, immer dann aber globale Höraufträge direkt nach dem ersten Hören vorgesehen, wenn ihre Bewältigung Erfolg versprechend erschien. Entsprechend der Textsorte Chanson haben wir bei der großen Mehrheit der Lieder Anregungen vorgesehen, über die Musik und ihre Wirkung auf die Hörer nachzudenken.

Schülerinnen und Schüler hören in ihrer Freizeit häufig Musik und haben ein feines Empfinden für Melodien, Rhythmen und Arrangements. Deshalb wird das fühlende Hineinhören, bei dem die Textaussage hinter die musikalische Botschaft zurücktritt, in der Regel der folgenden kognitiven Aufarbeitung der Inhalte vorangestellt, auch weil es diese vorbereitet, sie oft sogar erleichtert. Wenn diese Herangehensweise übernommen wird, sollten die Kopien der Liedtexte auch erst nach dem Hören verteilt werden. Um Schülerinnen und Schüler zu befähigen, kompetent über die musikalischen Eindrücke Auskunft zu geben, findet sich auf S. 16-17 ein recht umfangreiches *Lexique pour parler d'une chanson*, das durch weitere Begriffe erweitert werden kann. Je nach Lerngruppe und je nach Lied macht es Sinn, diese umfangreiche Vokabelliste in kleineren Einheiten mit entsprechender Schwerpunktsetzung einzugeben. So würde es sich bei weniger geübten Lernenden anbieten, zunächst einmal die Instrumente identifizieren zu lassen, um dann die Stimme und Atmosphäre in den Blick zu nehmen und sich später mit Melodie und Rhythmus zu befassen. Ziel sollte ein ganzheitlicher Zugang zum Lied sein, also ein Maximum an Textverstehen und differenzierter Wahrnehmung der musikalischen Mittel.

Sprechen und Schreiben: *autour et au-delà du texte*

Viele handlungs- und produktionsorientierte Anregungen unter der Überschrift *Au-delà du texte* verlangen explizit dezentrales, kooperatives Arbeiten in Partner- oder Gruppenarbeit, um die Kreativität des Einzelnen in Interaktion mit anderen anzuregen und damit die Produktion in den Kompetenzbereichen des **Sprechens** und **Schreibens** zu fördern. Die neben den Aufgaben stehenden Symbole geben eine erste Orientierung, welche Kompetenz wir hier angedacht haben; andere, eigene Schwerpunkte sind natürlich jederzeit möglich. Für die Bundesländer, deren Abiturprüfung bereits einen mündlichen Teil enthält, stehen sowohl für monologisches wie auch für dialogisches Sprechen entsprechende Übungsangebote zur Verfügung.

Methodische Kompetenzen fördern

Einen Schwerpunkt bilden die vorbereiteten Internetrecherchen, die aktives, individuelles wie kooperatives Lernen fördern. Die Internetadressen, die für die Recherchen nützlich sind, befinden sich auf der Website des Klett-Verlages, wo sie gepflegt und ggf. ergänzt oder ersetzt werden. Geben Sie den entsprechenden Online-Link auf www.klett.de ein.

II Didaktisch-methodische Hinweise

Für **Hör- und Leseverstehen** gilt gleichermaßen, dass wir es für empfehlenswert halten, wenn die Lernenden so oft wie möglich die Gelegenheit bekommen, sich zunächst einmal individuell mit den Rezeptionseindrücken auseinanderzusetzen. Nachdem eine solche persönliche Sinn- oder Problemlösungskonstruktion erfolgt ist, schließt sich in einer Phase des Austausches mit den Nachbarn oder in einer Gruppe ein möglichst in der Zielsprache erfolgender Abgleich der individuellen Ergebnisse an, um aus dieser intersubjektiven Aufarbeitung zu einem ersten Ergebnis zu gelangen, das dann im Plenum vertreten und optimiert werden kann. Diese sich an den von Norm und Kathy Green orientierenden Phasen des kooperativen Lernens[1] geben den meisten Schülern (auch den schwächeren) inhaltlich wie sprachlich mehr Sicherheit, sich kompetent in das Unterrichtsgespräch einzuschalten.

Kapitel 1: Paris le jour, Paris la nuit

Il est cinq heures, Paris s'éveille eignet sich als eines der ganz wenigen Lieder nach erstem oder auch zweitem Hören zum selektiven Hörverstehen – Ziel: Personen und Orte identifizieren –, wodurch bereits die anschließende Internetrecherche vorbereitet wird. Hier wird das *Placemat* als Form des kooperativen Lernens eingesetzt. Diese wie andere Methoden des kooperativen Lernens könnten in der Folge immer wieder angewendet werden, auch wenn dies nicht ausdrücklich in den Arbeitsaufträgen vermerkt ist. Die Methode *Placemat* ermöglicht ebenso wie das nah verwandte *Think-Pair-Share* bei weitgehender Schülerautonomie sowohl individuelle Konstruktion – Phase 1 – als auch anschließende Vergewisserung, Erweiterung, Korrektur im Viererteam mit einem Gruppenergebnis (Phase 2) und führt am Ende zu sprachlich und inhaltlich ergiebiger Diskussion im Plenum oder in neuer Gruppenzusammensetzung.

---

[1] Norm Green/Kathy Green (2005): *Kooperatives Lernen im Klassenraum und im Kollegium. Das Trainingsbuch*. Seelze-Velber Kallmeyer

Didaktisch-methodische Hinweise

In den Vierergruppen, in denen sich, wie auf der Abbildung zu sehen ist, jeweils zwei Lernende gegenüber sitzen, liegt ein mindestens DIN-A3-großes Blatt

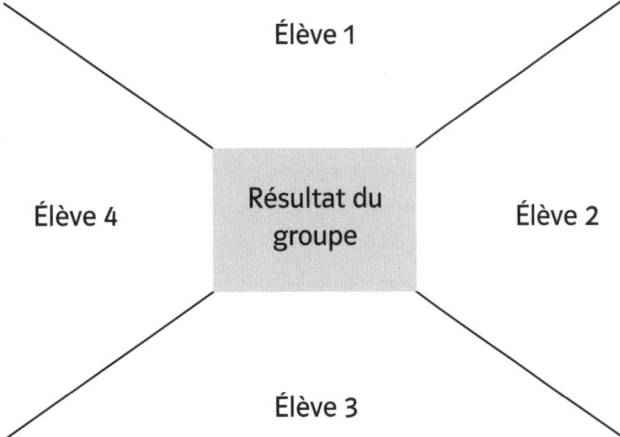

(Zeichenblock), auf dem jedes Gruppenmitglied ein individuelles Feld für seine Ergebnisse zur Verfügung hat (Phase 1). In der Mitte wird später das Gruppenergebnis festgehalten (Phase 2). Das ausgefüllte Arbeitspapier dient am Ende als Grundlage für die weitere Vertiefung im Plenum oder bei der Kooperation mit anderen Gruppen (Phase 3). Bei nicht durch vier teilbaren Klassen bzw. Kursen ist das *Placemat* auch mit Dreiergruppen möglich; ein Platz bleibt dann einfach frei.

Gerade für den Fremdsprachenunterricht, in dem die Lösungsvorstellungen gegebener Probleme ja immer auch in einem nicht perfekt beherrschten Idiom ausgedrückt werden müssen, ist ein solches Vorgehen deutlich ergiebiger als ein zu schneller Übergang in den traditionellen Frontalunterricht. Allerdings muss gewährleistet und verbindlich eingefordert werden, dass in Phase 1 jede Schülerin, jeder Schüler eigene Gedanken in einer Zeit der vollkommenen Ruhe erarbeitet und notiert. Diese Notizen könnten zur Stärkung der Verbindlichkeit dieser Phase namentlich gekennzeichnet werden und der Lehrperson abschließend zur Information über den individuellen Stand abgegeben werden. Wichtiger als diese extrinsische Förderung der Motivation zur eigenständigen Mitarbeit aller ist jedoch das Gefühl der im kooperativen Lernen geübten Lerngruppen, selbstständig und sprachlich aktiv Probleme ohne ständige Vorgaben seitens der Lehrkraft lösen zu können – eine Fähigkeit, die das spätere Leben immer wieder von neuem verlangen wird!

Im Anschluss an die Arbeit am Chanson von Jacques Dutronc könnte auch jetzt schon die „Antwort" von Thomas Dutronc auf das Lied seines Vaters, das in Kapitel 2 (Fiche 2.13) abgedruckt ist[2], vorgezogen werden. Ebenso wie der Zusatztext 1.2 finden sich auch in diesem Liedtext direkte Anspielungen auf *Il est cinq heures, Paris s'éveille*, die seine Behandlung hier reizvoll machen könnten. An dieser Stelle wird deutlich, dass die vorgenommene Ordnung der Chansons unter die fünf Kapitelüberschriften **eine** Möglichkeit von vielen darstellt. Andere sind denkbar und sollten immer geprüft werden. Vielleicht könnte auch die sehr stark veränderte musikalische Interpretation des Originaltextes von An Pierlé[3] aus dem Jahre 2004 im Unterricht fruchtbar eingesetzt werden.

Das Lied *Couche-tard et lève-tôt* (Fiche 1.4) kann nach dem ersten Globalverstehen noch mehrfach gehört werden, um den Schülern die konsequente Wiederholung von [a] bzw. [o:]-Lauten für die Aktivitäten der beiden entgegensetzten Menschentypen erfahrbar zu machen. In der Interpretation von Bénabar wird deutlich hörbar, dass Assonanzen ebenso wie Alliterationen, Binnen- bzw. Endreime Sprachmusik erzeugen, die im Chanson durch die musikalische Umsetzung verstärkt wird. Entsprechende Stilmittel werden sowohl in diesem Kapitel (Fiche 1.7) als auch im Folgekapitel (Fiche 2.12) angeboten, so dass sehr früh wichtige Interpretationshilfen vorhanden sind.

Die Überlegung, den Text *Pierre et seul pour la vie* (Fiche 1.5) von Philippe Delerm zunächst einmal in Textteilen (Fiche 1.6) zu präsentieren, berücksichtigt zum einen den Schwierigkeitsgrad dieser kurzen Erzählung und ist zum anderen geeignet, das Kenntnis nehmende Lesen zu fördern. Ohne schon auf Details achten zu müssen (bei leistungsstarken Gruppen könnte deshalb sogar auf die Annotationen verzichtet werden) versuchen die Schüler über entsprechende Textsignale wie Konnektoren, Rück- bzw. Vorweiser in Form von Pronomen oder entsprechenden Determinanten, Thema-Rhema-Abfolge etc. eine in sich schlüssige Rekonstruktion der Geschichte herzustellen. Dabei müssen sie die einzelnen Teile immer wieder überfliegen, so dass

---

[2] Leider war es nicht mehr möglich, das Lied auch musikalisch aufzunehmen: Es erschien erst, als die CD schon produziert war.
[3] Erschienen u. a. auf *Le Tour 4*, 2009 © localmedia

die nach erfolgter Rekonstruktion anstehende Detaillektüre intensiv vorbereitet ist und weniger Probleme bereitet. Dieses sehr bekannte Verfahren einer *activité avant lecture* ist problemlos auch bei anderen Texten anwendbar, bei denen kein expliziter Hinweis in der Aufgabenstellung erfolgt. Die Wiederherstellung des Originaltextes kann im Übrigen gut in kooperativen Verfahren erfolgen.

Mit *Je connaissais pas Paris le matin* (Fiche 1.8), dem Slam von Grand Corps Malade, lernen die Schülerinnen und Schüler eine in den Großstädten der westlichen Welt inzwischen sehr beliebte, insgesamt aber noch recht junge Form öffentlicher Poesierezitation kennen, die gerade junge Menschen stark anspricht. Wenn die Lerngruppe durch diese Form rhythmisiert vorgetragener Poesie motiviert wird, könnten Schüler in einem kleinen Projekt eigene Slamtexte erstellen und im Klassenverband oder darüber hinaus rezitieren.

Die das Kapitel abschließende Wortschatzarbeit sollte in den Folgekapiteln fortgesetzt bzw. erweitert werden, so dass am Ende ein differenziertes *centre d'intérêt* vorliegt, das vor dem Abitur noch einmal zu Revision des Gelernten herangezogen werden kann.

Kapitel 2: Paris l'amour toujours

Nachdem das vorangegangene Kapitel wichtige Grundlagen für die Arbeit an Chansons gelegt hat, rücken in diesem Kapitel zum ersten Mal **Bilder** als Ausgangspunkt für kreatives Schreiben in den Vordergrund (Fiche 2.3). Die Schülerinnen und Schüler können die Fotos entsprechend ihren Vorstellungen von der sich entwickelnden Geschichte natürlich in eine ihnen passender erscheinenden Reihenfolge bringen. Als Miniprojekt deklariert werden die entstandenen Texte gesammelt, korrigiert – nicht nur durch die Lehrkraft, sondern in Schreibkonferenzen zunächst einmal durch die Lernenden selbst – und für alle vervielfältigt, ggf. auch auf die Homepage der Schule gestellt, in der Schülerzeitung oder im Schulgebäude veröffentlicht. Bilder setzen in der Regel ein hohes Maß an Kreativität frei, die hier zur **Förderung der Schreibkompetenz** genutzt werden kann.

Mit dem alten Liedtext *Sous les ponts de Paris* (Fiche 2.9) kehrt auch in diesem ja eher die Liebe zu und in Paris thematisierenden Kapitel die keineswegs romantische Wirklichkeit am Beispiel der vielen Obdachlosen, die in der reichen Stadt ums Überleben kämpfen, in das Blickfeld der Schüler zurück. Der Internetauftrag auf S. 40, sich mit Institutionen zu befassen, die versuchen das Elend zu lindern, soll die Ambivalenz der Stadt Paris verdeutlichen, zugleich aber darauf aufmerksam machen, dass es dort, wie überall auf der Welt Menschen gibt, die sich für die Ausgestoßenen und Hilflosen engagieren. Vielleicht erkennen die jugendlichen Lerner darin die Botschaft, ebenfalls nicht nur für sich, sondern auch für andere zu leben.

Kapitel 3: Paris et les Parisiens

Die am Ende von Kapitel 2 angesprochene Wirklichkeit der Stadt Paris jenseits aller mystischen Verklärung wird hier weiter beleuchtet. Dabei werden die u. a. schon im Chanson *Paris la nuit* von Mano Negra aus Kapitel 1 (Fiche 1.10) aufgeworfene Problematik der *gentrification* der Stadt innerhalb des *périphérique* und die hiermit verbundene Verdrängung der *classes populaires* wie auch des Mittelstandes in die *banlieue* angesprochen. Da hier wie in anderen Kapiteln immer wieder Sachtexte zur ergänzenden Information über diese Realitäten angeboten werden, diese Textsorte aber bei Schülern nicht immer hoch im Kurs steht, weil sie die Arbeit in fast allen Fächern prägt, schlagen wir für die Beschäftigung mit den beiden Texten zu **Paris-banlieue** (Fiche 3.6 a.-b.) die methodische Variante *Parler en marchant* vor. Die Kursmitglieder erhalten je zur Hälfte entweder den ersten oder den zweiten Text – am besten auf farblich unterschiedlichem Papier kopiert – als Hausaufgabe mit dem Arbeitsauftrag ausgehändigt, ihn intensiv zu lesen und über ihn informieren zu können. In der Folgestunde suchen sich nun jeweils zwei Schüler mit unterschiedlichen Texten (jetzt hilft die Farbe bei der schnellen Identifikation eines Partners mit einem anderen Text) und informieren sich gegenseitig über deren jeweilige Inhalte, die sie ja noch nicht kennen. Dabei sitzen sie allerdings nicht wie sonst am Tisch, sondern spazieren im Gang oder, bei gutem Wetter, auch auf dem Hof nebeneinander her, möglichst ohne stehen zu bleiben, es sei denn zur Akzentuierung einer Aussage oder Klärung von

Didaktisch-methodische Hinweise

etwas Wesentlichem. Wichtig ist, dass diejenigen, die die neuen Informationen erhalten, bei Unklarheiten so lange nachfragen, bis sie das Gefühl haben, alles Wesentliche verstanden zu haben. Nach dieser ausgesprochen motivierenden und interaktiven Gesprächsphase kehren alle in den Klassenraum zurück und suchen sich ein neues Kursmitglied der jeweils anderen Gruppe. Diese Partner erzählen sich gegenseitig, was sie über den Text des anderen inzwischen wissen. In dieser Phase kommt es zu weiteren Präzisierungen, so dass in der abschließenden vertiefenden Textarbeit im Plenum vieles bereits geleistet ist, zugleich die **Kompetenz Sprechen** im angstfreien Raum intensiv gefördert wurde.

Kapitel 4: Paris à pied, à vélo, en métro

Einen Schwerpunkt des Kapitels bildet die Förderung des **Argumentierens**, das zunächst im Zusammenhang mit den Texten zur *propreté* (Fiche 4.2) in einen *débat télévisé* mündlich vertieft wird. Im weiteren Verlauf des Kapitels dienen die jeweils dritten Aufgaben zum Text *Paris à vélo, c'est pour bientôt?* (Fiche 4.7), zu *Béquilles* (Fiche 4.14) sowie die Frage 4 zu *Hell* von Lolita Pille (Fiche 4.17) der weiteren Vertiefung dieser in vielen Oberstufenklausuren verlangten Technik. Darüber hinaus wird die Arbeit mit Bildern wieder aufgegriffen (Fiche 4.10 mit Fotos von Doisneau), diesmal durch die Integration der Textsorte *bande dessinée* am Beispiel eines vollständigen Cartoons (Fiche 4.15, *Tous pou la missic*) und einer *vignette* aus einer BD (Fiche 4.5, *Les Démotorisés*) erweitert. Längere Ausschnitte aus zwei Jugendromanen, *Rouge métro* von Claudine Galea[4] und *Hell* von Lolita Pille, erweitern das Spektrum der angebotenen Texte und eröffnen neue Möglichkeiten des **Leseverstehens**.

Kapitel 5: Paris en danger, hier et aujourd'hui

Das letzte Kapitel behandelt anhand des Chansons ***Les loups sont entrés dans Paris*** von Serge Reggiani, zweier Gedichte von Paul Eluard und Louis Aragon sowie eines längeren Sachtextes die Zeit der *Occupation et Résistance* und behandelt somit eine besonders schmerzhafte Phase der Geschichte der Stadt. Diese Thematik wird in vielen Bundesländern obligatorisch im Rahmen der *relations franco-allemandes* verlangt und kann mit Bezug auf Paris an dieser Stelle vertieft werden. Der schon mehrfach (in Kap. 1, Kap. 3) angesprochene *embourgeoisement de Paris* und die kontinuierliche Verdrängung von Arbeitern und Mittelstand in die Peripherie wird am Ende als eine sehr aktuelle Bedrohung für die Hauptstadt thematisiert, die Gefahr läuft, zum großbürgerlichen Museum zu werden. Es folgt noch einmal ein Kommentar, in dem schriftlich argumentiert werden muss (Fiche 5.7). Ein umfangreiches Vokabular (Fiche 5.6) hilft dem Lernenden, diese Aufgabe zunehmend kompetent zu erfüllen.

---

[4] Zu *Rouge métro* siehe auch: Blume, Otto-Michael (2009): *Rouge métro* – Cerise kann die Katastrophe nicht vergessen, in: *Der Fremdsprachliche Unterricht Französisch*, Heft 99, i. V.

Überblick

Der folgende **Überblick** lässt mit einem Blick lexikalische, grammatikalische und methodische Schwerpunkte in den verschiedenen Kapiteln erkennen und erleichtert damit eine andere Anordnung im eigenen Unterricht.

Chap.	Compétence lexicale	Fiche	Compétence grammaticale	Fiche	Compétence méthodologique	Fiche
1	- Lexique de la chanson - Révisions : Lexique de la chanson	1.3 1.12			- Recherche Internet - Placemat - Figures de style (1) - Écrire un tract - Écriture créative sur la base d'une image - Révisions : figures de style (1)	1.1 1.1 1.7 1.10 1.11 1.12
2	- Lexique thématique de l'amour	2.4	- Écrire / Parler au conditionnel présent - Écrire au futur simple	2.5 2.8	- Débat - Activité créative à partir de photos - Débat : Vivre à Paris - Recherche Internet - Figures de style (2)	2.2 2.3 2.6 2.9 2.12
3	- Petit lexique de la peinture - Lexique pour décrire une image - Lexique de la comparaison	3.10 3.10 3.13	- Quelques prépositions (1)	3.5		
4	- Débat en classe - Petit lexique du métro - Le discours rapporté	4.2/5.7 4.11 4.13	- La phrase conditionnelle - Quelques prépositions (2)	4.2 4.6	- Débat télévisé - Recherche Internet - Écriture créative sur la base d'images	4.2 4.11 4.10
5	- Lexique de la discussion et du commentaire personnel	5.6			- Médiation - Recherche Internet	5.2 5.4

1 Paris le jour, Paris la nuit

Jacques Dutronc, *Il est cinq heures, Paris s'éveille*

Avant l'écoute

Paris à cinq heures du matin

1. Formez des groupes de 4.
2. Imaginez, chacun pour soi, ce qui peut se passer dans une grande ville à cette heure-là et notez vos réflexions personnelles.
3. Discutez de vos réflexions personnelles dans votre groupe et, après discussion, écrivez un résultat commun sur la fiche de travail.
4. Mettez en commun les résultats de tous les groupes et discutez en classe.

1 Je suis l'dauphin d'la place Dauphine
   Et la place Blanche a mauvaise mine
   Les camions sont pleins de lait
   Les balayeurs sont pleins d'balais

5 *Refrain*
   Il est cinq heures
   Paris s'éveille
   Paris s'éveille

   Les travestis vont se raser
10 Les stripteaseuses sont rhabillées
   Les traversins sont écrasés
   Les amoureux sont fatigués

Refrain

   Le café est dans les tasses
15 Les cafés nettoient leurs glaces
   Et sur le boulevard Montparnasse
   La gare n'est plus qu'une carcasse

Refrain

   Les banlieusards sont dans les gares
20 À la Villette on tranche le lard
   Paris by night regagne les cars
   Les boulangers font des bâtards

Refrain

   La tour Eiffel a froid aux pieds
25 L'Arc de Triomphe est ranimé
   Et l'Obélisque est bien dressé
   Entre la nuit et la journée

Refrain

   Les journaux sont imprimés
30 Les ouvriers sont déprimés
   Les gens se lèvent, ils sont brimés
   C'est l'heure où je vais me coucher

   Il est cinq heures
   Paris se lève
35 Il est cinq heures
   Je n'ai pas sommeil

« IL EST CINQ HEURES, PARIS S'ÉVEILLE »
Musik: Jacques Dutronc, Jacques Lanzmann
Text: Anne France Yvonne Segalen, Jacques Lanzmann
© Alpha Editions Musicales
Mit freundlicher Genehmigung der Rolf Budde Musikverlag GmbH

---

1 **le dauphin** fils aîné du roi de France ; Delfin – 2 **avoir mauvaise mine** avoir l'air malade, sembler malade – 4 **le balayeur** personne qui nettoie les rues, qui balaie → balayer – 4 **le balai** sert à balayer (Besen) – 9 **le travesti** Transvestit – 10 **se rhabiller** remettre ses vêtements – 11 **un traversin** etwa: Nackenrolle – 11 **écrasé, e** ici : platt gedrückt – 15 **une glace** ici : un grand miroir – 17 **une carcasse** le squelette – 20 **trancher** couper – 20 **le lard** Speck – 22 **un bâtard** sorte de pain ; Bastard – 25 **ranimer** wieder beleben – 26 **être dressé, e** être debout ; se tenir droit (sich aufrecht erheben) – 31 **brimer** ici : rendre esclave (quälen) – 36 **avoir sommeil** avoir envie de dormir

Fiche 1.1 — Paris le jour, Paris la nuit

Après la première écoute (sans le texte de la chanson)

1. Cochez les personnes et les lieux que vous avez entendus dans la chanson.

les personnes	les lieux
☐ les promeneurs ☐ les balayeurs ☐ les travailleurs ☐ les ouvriers ☐ les touristes ☐ les travestis ☐ les actrices ☐ les danseuses ☐ les stripteaseuses ☐ les amoureux ☐ les bouchers ☐ les épiciers ☐ les boulangers	☐ la place de la Concorde ☐ la place de l'Étoile ☐ la place Pigalle ☐ la place Blanche ☐ la place Dauphine ☐ la place Saint-Michel ☐ la place des Vosges ☐ la place Vendôme ☐ le boulevard Saint-Michel ☐ le boulevard Montmartre ☐ le boulevard Montparnasse ☐ l'avenue des Champs-Elysées ☐ le boulevard Saint-Germain ☐ le Louvre ☐ l'Arc de Triomphe ☐ les Tuileries ☐ l'Hôtel des Invalides ☐ Notre-Dame ☐ l'Obélisque ☐ la tour Eiffel

2. En vous aidant du tableau de 1. et des autres informations que vous avez rassemblées à l'écoute, dites quel est le thème de la chanson.

Après la deuxième écoute (avec le texte de la chanson)

Recherche sur Internet Online-Link : 597086-001

1. Informez-vous sur l'histoire du quartier de la Villette et notez-en les étapes essentielles.
2. Cherchez la place Dauphine sur un plan de Paris. Expliquez d'où vient son nom.
3. Où se trouve la place Blanche à Paris ? Pourquoi porte-t-elle ce nom ?
4. Quelles gares de Paris sont actuellement desservies par la SNCF ?
5. À votre avis, comment est-il possible de ranimer l'Arc de Triomphe ?

Autour du texte

Caractérisez les deux groupes de personnes mises en opposition dans la chanson.

Au-delà du texte

1. Racontez ce que fera le narrateur (« je » dans la chanson) qui n'a pas sommeil, à cinq heures du matin.
2. Deux touristes de « Paris by night » racontent ce qu'ils ont fait pendant la nuit passée à Paris. Imaginez le dialogue entre ces deux personnes.

Paris le jour, Paris la nuit

Paris s'éveille

Comme le dit ce cher Jacques « il est 5 heures, Paris s'éveille, il est 5 heures, je n'ai pas sommeil... »
Bon, moi, à 5 heures, pendant que Paris s'éveille, je dors, mais plus pour longtemps, parce qu'à 6 h 45 mon irascible réveil me tire des bras de
5 Morphée. Je vous passe les détails de ce moment difficile et de chacun des gestes que j'effectue en pilotage automatique avant de me retrouver tant bien que mal entre 7 h 35 et 7 h 43... Dehors.
Direction le métro.
Pour aller au boulot. Ligne 7 jusqu'à Place d'It', puis ligne 6 jusqu'à Kléber...
10 Lueur de bonne humeur lorsqu'après le changement j'arrive à m'asseoir à l'une de mes places fétiches : je sais que j'ai gagné un voyage.
Un voyage à Paris, le grand Paris pour le prix dérisoire d'un ticket de métro : il suffit de s'asseoir dans l'un des (minuscules) carrés de places, du côté du quai, dans le sens contraire à celui de la marche, côté fenêtre (si j'avais
15 eu le net chez moi vous auriez eu un remarquable schéma, mais j'attends toujours). Vous visualisez les places magiques ?
Donc on s'assoit là. Puis on attend, on s'occupe (bouquin, musique classique dans les oreilles)... On arrive à Cambronne... La Motte-Picquet Grenelle... Dupleix... Bir Hakeim... Et là, on regarde sur la gauche... et c'est
20 toujours magnifique : la Seine, la Tour Eiffel, la statue avec le cheval qui défie la capitale quel que soit le temps qu'il fait, plus loin, en bas le quai du RER et ses minuscules passants pressés... Puis quand la Grande Dame a la tête dans le brouillard c'est encore mieux !! Un vrai régal, un grand plaisir de Paris, comme déguster une pâtisserie Pierre Hermé un après-
25 midi ensoleillé à Saint-Germain-des-Prés......
Et on repart : La station Passy... Trocadéro... c'est fini pour aujourd'hui, ça y est, Paris est éveillé, le lard est tranché à la Villette, les glaces des cafés ont été nettoyées et la gare Montparnasse a repris vie. La journée continue, et quelque soit son déroulement, ce petit moment de grâce
30 reste dans un coin de mon être, quelque part entre la valve aortique et le ventricule gauche, au chaud.
Et vous ? Quels sont vos moments de bonheur, gratuits ou presque, que l'on peut vivre et revivre sans s'en lasser, ceux qui font que même si parfois la vie est dure, elle vaut la peine d'être vécue ?

Article du blog de Mashenka, vendredi 30 mars 2007 à 10:17 dans *Au fil des jours*.
http://mashenka.mabulle.com/index.php/2007/03/30/53997-paris-s-eveille

---

4 **irascible** jähzornig
5 **Morphée** Morpheus
6 **effectuer** *ici :* faire
6 **en pilotage automatique** automatiquement
9 **Place d'It'** *fam* la place d'Italie
9 **Kléber** *station de métro*
10 **la lueur** Strahl, Funke
11 **fétiche** *ici :* préférée
12 **dérisoire** lächerlich
13 **minuscule** très petit
13 **le carré de places** je zwei sich gegenüberliegende viereckig angeordnete Plätze
15 **le net** l'Internet
17 **un bouquin** *fam* un livre
18 **Cambronne, la Motte-Picquet Grenelle, Dupleix, Bir Hakeim** *stations de métro de la ligne 6*
21 **défier** trotzen
23 **un régal** qc de délicieux
25 **ensoleillé, e** → le soleil
29 **la grâce** Gnade, Guns
30 **la valve aortique** Herzklappe
31 **le ventricule** Herzkammer
33 **se lasser de qc** einer Sache überdrüssig werden

---

1. Comparez ce témoignage avec la chanson de Jacques Dutronc. De quel groupe de personnes son auteur fait-il partie ?

2. Et vous ? Quels sont vos moments de bonheur qui font que la vie vaut la peine d'être vécue ? Inspirez-vous de ce témoignage pour écrire un petit texte.

Fiche 1.3 — Paris le jour, Paris la nuit

Lexique pour parler d'une chanson

La voix de l'interprète est...

		Cochez ici :			Cochez ici :
claire / cristalline	*hell*		grave	*dunkel*	
suave	*weich/samtartig*		stridente	*schrill*	
douce	*sanft*		forte	*laut*	
pleine de tendresse	*sanft/zart*		criarde *péj*	*schreiend*	
pure	*rein*		rauque	*rau/heiser*	
gaie / enjouée	*fröhlich*		triste	*traurig*	
emplie de timidité	*schüchtern*		agressive	*aggressiv*	
emplie de sensibilité	*einfühlsam*		mélancolique	*melancholisch*	
expressive	*ausdrucksvoll*		monotone	*monoton*	
sentimentale	*sentimental*		froide	*kalt*	
passionnée	*leidenschaftlich*		indifférente	*gleichgültig*	
facile à comprendre	*verständlich*		difficile à comprendre	*schwer verständlich*	

Le rythme de la chanson est...

		Cochez ici :			Cochez ici :
régulier	*regelmäßig*		irrégulier	*unregelmäßig*	
dynamique	*dynamisch*		monotone	*monoton*	
vif	*lebendig*		tranquille	*ruhig*	
équilibré / doux	*sanft/zart*		violent	*heftig*	
lent	*langsam*		rapide	*schnell*	
ralenti	*verlangsamt*		accéléré	*beschleunigt*	
saccadé	*abgehackt*		entraînant	*mitreißend, schwungvoll*	
varié	*abwechslungsreich*				

Le ton de la chanson est...

		Cochez ici :			Cochez ici :
optimiste	*optimistisch*		contestataire	*aufmüpfig*	
engagé	*engagiert*		résigné	*resigniert*	
joyeux	*fröhlich*		indifférent	*teilnahmslos*	
gai	*munter*		neutre	*neutral*	
emphatique	*stark gefühlsbetont*		triste	*traurig*	
solennel	*feierlich*		critique	*kritisch*	
nostalgique	*nostalgisch*		larmoyant	*weinerlich*	
mélancolique	*melancholisch*		agressif	*aggressiv*	
pessimiste	*pessimistisch*				

Paris le jour, Paris la nuit

La mélodie de la chanson est...

		Cochez ici :			Cochez ici :
agréable	angenehm		désagréable	unangenehm	
harmonieuse	harmonisch		dissonante	dissonant, misstönend	
simple	einfach		compliquée	kompliziert	
romantique	romantisch		inquiétante	beunruhigend	
poétique	poetisch				
rêveuse	träumerisch		dynamique	dynamisch	
sentimentale	sentimental		protestataire	protestierend	
touchante	berührend		agressive	aggressiv	
envoûtante	verführerisch		violente	heftig	
facile à chanter	einfach nachzusingen		reconnaissable	leicht erkennbar	
bien adaptée aux paroles	passend zum Text				

Quels instruments accompagnent le chanteur / la chanteuse ?

		Cochez ici :			Cochez ici :
une flûte	Flöte		un violon	Geige	
une clarinette	Klarinette		un banjo	Banjo	
un saxophone	Saxophon		une guitare	Gitarre	
un harmonica	Mundharmonika		une guitare sèche	Akustikgitarre	
un orgue	Orgel		une guitare électrique	elektrische Gitarre	
un piano	Klavier		une (guitare) basse	Bass	
un synthé(tiseur)	Synthesizer		une contrebasse	Kontrabass	
un accordéon	Akkordeon		une batterie	Schlagzeug	

Fiche 1.4 — Paris le jour, Paris la nuit

Bénabar, *Couche-tard et lève-tôt*

Avant l'écoute

D'après vous, qu'est-ce qui caractérise un « couche-tard » et « un lève-tôt » ?
Faites un petit portrait fictif de ces deux catégories de personnes.

🎵 2

   Quand il rentre le soir trop tard toujours en retard
   Le couche-tard fait des cauchemars les fantômes dans le placard
   Il promet de ne plus jamais boire
   Entre cafard et café noir
5 Le couche-tard

   Quand il rentre plus tôt du boulot le lève-tôt
   Il tire les rideaux et s'installe au chaud le dîner en plateau
   Il se préoccupe de la météo
   Est-ce que demain il fera beau ?
10 Le lève-tôt

   Couche-tard et lève-tôt se rencontrent dans le premier métro
   Le métro a ceci de joli qu'on y voit le jour comme en pleine nuit

   Accroché au comptoir le couche-tard toujours sur le départ
   Cherche un auditoire qu'il accapare et invente des histoires
15 Parfois une petite bagarre
   Parfois au désespoir

   Au galop le lève-tôt fonce au bureau l'œil sur le chrono
   À l'assaut de la semaine et des matins jumeaux rien rien de nouveau
   Et pour mettre du vin dans son eau il attend ses jours de repos
20 Le moral à zéro

   Couche-tard et lève-tôt se rencontrent dans le premier métro

   « Le lève-tôt est un tocard » prétend le couche-tard
   « Le couche-tard, un blaireau » assure le lève-tôt
   Le métro a ceci de joli qu'on y voit le jour comme en pleine nuit

---

2 **un cauchemar** un mauvais rêve
2 **un fantôme dans le placard** *etwa:* eine Leiche im Keller
4 **le cafard** les idées noires
7 **tirer** *ici* : fermer
7 **les rideaux** *mpl* Vorhänge
8 **se préoccuper de qc** s'intéresser à qc
13 **accroché, e à** *ici :* an etw. hängend
13 **un comptoir** Tresen
13 **être sur le départ** être en train de partir
14 **un auditoire** personnes qui écoutent
14 **accaparer** in Beschlag nehmen
15 **une bagarre** Prügelei
17 **foncer** aller en courant
18 **à l'assaut** *m* à l'attaque
18 **jumeau, elle** *ici* : pareil
19 **les jours** *m* **de repos** *ici :* les vacances
22 **un tocard** *fam* une personne incapable, sans valeur ; un mauvais cheval
23 **un blaireau** *fam* une personne naïve, insignifiante ou ridicule ; Dachs

Après l'écoute (sans le texte de la chanson)

Dites en deux phrases ce qui se passe « dans le premier métro ».

Autour du texte

1. Caractérisez les deux types d'hommes présentés dans la chanson de Bénabar.
2. Dites en quoi ils diffèrent de vos portraits fictifs.
3. En partant d'une analyse des couplets de la chanson, expliquez quelques procédés stylistiques qui sont mis en œuvre pour faire passer les idées du texte. → **Fiche 1.7**
4. Parlez de la musique à l'aide de la fiche 1.3 et dites quel(s) aspect(s) de la chanson elle renforce.
5. Expliquez en quelques phrases le rôle du métro dans cette chanson.
6. Comparez cette chanson à celle de Jacques Dutronc (Fiche 1.1) qui parle aussi du petit matin à Paris.

Au-delà du texte

Un jour, le « lève-tôt » et le « couche-tard » se rencontrent sur le Net. Imaginez le chat.

Paris le jour, Paris la nuit

Philippe Delerm, *Pierre et seul pour la vie* ▲

Avant la lecture

1. Qu'est-ce qui vous surprend à la lecture du titre ? À quoi est-ce qu'il vous fait penser ?

2. Reconstruisez le texte et justifiez vos décisions. → Fiche 1.6

Sur le mur du tunnel piétonnier, sous le RER, les lettres noires irrégulières se détachent. Des milliers de gens passent devant cette phrase tous les jours. Pour beaucoup, elle a cessé d'exprimer un message, est devenue tellement familière qu'elle sert de baromètre à leur humeur du moment, leur fatigue ou leur énergie, et plus souvent
5 à leur indifférence : ce tunnel n'est qu'un territoire d'écoulement anonyme. « Pierre et seul pour la vie. » La première fois qu'on la décrypte, on est touché. On ressent la faute d'orthographe comme l'émanation d'un chagrin plus fort, irrémédiable. C'est peut-être absurde, une sorte de racisme à l'envers, un politiquement correct qui ne manque pas une occasion de se donner bonne conscience. C'est ce qu'on pense
10 après, quand on revoit les mots. Mais l'impression première reste la plus forte. Ce « Pierre et seul » est une tache de sang dans le ronron des trajets moutonniers. Quelqu'un qui n'écrit pas souvent a écrit ça. La nuit, après pas mal d'alcool sans doute.
Un chagrin d'amour. Beaucoup d'emphase mélodramatique, mais pèse-t-elle tout
15 à fait du même poids s'il s'agit de quelqu'un qui ne lit plus jamais ? « Pour la vie » serait un cliché presque indécent sous la plume d'un nanti culturel. Mais sous la bombe de peinture d'un errant, « pour la vie » sonne tout triste, simplement.
Le lyrisme toutefois réside moins dans « et », dans « pour la vie », que dans le prénom Pierre. Il aurait pu dire « je ». Mais bien avant le chant du coq, Pierre s'est
20 donné en pâture à un public qui ne le connaît pas. Sa confidence dérisoire bave un peu. Il a parlé de lui à la troisième personne, s'est regardé pleurer, s'est fait pleurer, peut-être ? Les mots ont-ils exorcisé ce trop-plein maladroit ? Ils restent sur le mur en attendant qu'on le repeigne. Certains les lisent et sont touchés pour la première fois.

Philippe Delerm, *Enregistrements pirates*, Editions du Rocher, Paris, 2003, pages 43-45

1	**se détacher** apparaître
5	**l'écoulement** m ici : hinausströmen
6	**décrypter** entschlüsseln
7	**l'émanation** f ici : l'expression f
7	**irrémédiable** unheilbar
8	**à l'envers** verkehrt herum
11	**le ronron** Summen, Brummen, Eintönigkeit
11	**moutonnier, ière** vom Herdentrieb gelenkt
16	**un nanti** péj un riche
18	**le lyrisme** das lyrische Moment
20	**se donner en pâture** sich ausliefern
20	**dérisoire** ce qui fait rire
20	**baver** sabbern
22	**exorciser** bannen
22	**le trop-plein** Übermaß
22	**maladroit, e** ungeschickt

Autour du texte

1. Quel est le sujet central du texte :
   a. la solitude ? b. le désespoir ? c. l'indifférence ? d. ... ?
   Justifiez votre réponse.

2. Expliquez les phrases suivantes :
   a. « On ressent la faute d'orthographe comme l'émanation d'un chagrin plus fort, irrémédiable. C'est peut-être absurde, une sorte de racisme à l'envers, un politiquement correct qui ne manque pas une occasion de se donner bonne conscience. » (l. 6-9)
   b. « Ce « Pierre et seul » est une tache de sang dans le ronron des trajets moutonniers. » (l. 10-11)
   c. « Mais sous la bombe de peinture d'un errant, « pour la vie » sonne tout triste, simplement. » (l. 16-17)

Au-delà du texte

1. Faites des hypothèses : Qui est Pierre ? Quel âge a-t-il ? Où habite-t-il ? Que fait-il dans la vie ? Pourquoi a-t-il écrit cette phrase sur le mur d'un tunnel piétonnier du RER ?

2. Imaginez : Qu'est-ce qu'il a fait après avoir écrit cette phrase ? Comment est sa vie aujourd'hui ?

Fiche 1.6 — Paris le jour, Paris la nuit

Textteile für die Textrekonstruktion

Sur le mur du tunnel piétonnier, sous le RER, les lettres noires irrégulières se détachent. Des milliers de gens passent devant cette phrase tous les jours. Pour beaucoup, elle a cessé d'exprimer un message, est devenue tellement familière qu'elle sert de baromètre à leur humeur du moment, leur fatigue ou leur énergie, et plus souvent à leur indifférence : ce tunnel n'est qu'un territoire d'écoulement anonyme. « Pierre et seul pour la vie. »

se détacher apparaître – **l'écoulement** m → couler ; *ici* : mouvement de personnes

---

La première fois qu'on la décrypte, on est touché. On ressent la faute d'orthographe comme l'émanation d'un chagrin plus fort, irrémédiable. C'est peut-être absurde, une sorte de racisme à l'envers, un politiquement correct qui ne manque pas une occasion de se donner bonne conscience. C'est ce qu'on pense après, quand on revoit les mots. Mais l'impression première reste la plus forte. Ce « Pierre et seul » est une tache de sang dans le ronron des trajets moutonniers. Quelqu'un qui n'écrit pas souvent a écrit ça. La nuit, après pas mal d'alcool sans doute.

décrypter entschlüsseln – **l'émanation** f *ici* : l'expression f – **irrémédiable** unheilbar – **à l'envers** verkehrt herum – **le ronron** Summen, Brummen, Eintönigkeit – **moutonnier, ière** vom Herdentrieb gelenkt

---

Un chagrin d'amour. Beaucoup d'emphase mélodramatique, mais pèse-t-elle tout à fait du même poids s'il s'agit de quelqu'un qui ne lit plus jamais ? « Pour la vie » serait un cliché presque indécent sous la plume d'un nanti culturel. Mais sous la bombe de peinture d'un errant, « pour la vie » sonne tout triste, simplement.

un nanti *péj* un riche

Le lyrisme toutefois réside moins dans « et », dans « pour la vie », que dans le prénom Pierre. Il aurait pu dire « je ». Mais bien avant le chant du coq, Pierre s'est donné en pâture à un public qui ne le connaît pas. Sa confidence dérisoire bave un peu. Il a parlé de lui à la troisième personne, s'est regardé pleurer, s'est fait pleurer, peut-être ? Les mots ont-ils exorcisé ce trop-plein maladroit ? Ils restent sur le mur en attendant qu'on le repeigne. Certains les lisent et sont touchés pour la première fois.

le lyrisme das lyrische Moment – **se donner en pâture** sich ausliefern – **dérisoire** lächerlich – **baver** sabbern – **exorciser** bannen – **le trop-plein** Übermaß – **maladroit, e** ungeschickt

Paris le jour, Paris la nuit

Fiche 1.7

Analyse de textes lyriques : quelques figures de style (1)

1. Quel exemple illustre quelle figure de style ? Reliez la figure de style avec l'exemple qui correspond.
2. Recherchez dans les textes du chapitre 1 d'autres exemples qui illustrent ces figures de style.

Ils expriment une analogie et / ou illustrent une idée :		
1. une comparaison	mise en relation de plusieurs faits / idées à l'aide d'une conjonction qui permet de comparer (p. ex. *comme*)	a. Les camions **sont pleins de lait** Les balayeurs **sont pleins d'balais**
2. une métaphore	mise en relation de plusieurs faits / idées sans mot de comparaison	b. **la place** Blanche a **mauvaise mine**
3. la personnification	expression qui parle d'une chose / d'une idée comme s'il s'agissait d'une personne	c. Il tire les rid**eaux** et s'installe **au chaud**, le dîner en plat**eau**

Ils renforcent ou soulignent une idée ou un aspect :		
4. une allitération	répétition d'une consonne dans plusieurs mots pour renforcer l'unité et l'harmonie de la phrase	d. Elle sert de baromètre à **leur humeur du moment, leur fatigue** ou **leur énergie**, et plus souvent à **leur indifférence.**
5. une assonance	répétition d'une voyelle ou d'un phonème dans plusieurs mots pour renforcer l'unité et l'harmonie de la phrase	e. On ressent la faute d'orthographe **comme** l'émanation d'un chagrin plus fort, irrémédiable.
6. une énumération	plusieurs mots qui se suivent pour préciser une idée	f. Ce « Pierre et seul » est **une tache de sang dans le ronron des trajets moutonniers.**
7. un parallélisme	structure grammaticale identique dans plusieurs phrases ou parties de phrases	g. Quand il **rentre le soir tard toujours en retard**
8. une antithèse	deux mots ou expressions de sens contraire qui se suivent et se renforcent	h. « Pour la vie » serait un cliché presque indécent **sous la plume d'un nanti culturel**. Mais **sous la bombe de peinture d'un errant**, « pour la vie » sonne tout triste, simplement

Paris le jour, Paris la nuit

Grand Corps Malade, *Je connaissais pas Paris le matin*

Avant l'écoute

1. Traduisez les mots et expressions suivants sans regarder dans le dictionnaire. Expliquez votre approche.

   de vitesse – pur – le petit dèj' – une occasion – le veto – la vie d'affaires – prendre de l'âge – tracer – checker – un tournant – pressé – le teint – le ciment – fleurir

2. Une personne qui habite à Paris dit qu'elle ne connaît pas Paris le matin. Donnez des raisons possibles.

J'ai pris mon réveil de vitesse et ça, c'est assez rare
Je me suis levé sans lui sans stress, pourtant je m'étais couché tard
J'ai mis Morphée à l'amende en plus dehors y'a un pur temps
Pas question que la vie m'attende, j'ai un rendez-vous important
5 Ce matin mon tout petit dèj' n'a pas vraiment la même odeur
Ce matin mon parking tout gris n'a pas vraiment la même couleur
Je sors pour une occasion spéciale que je ne dois pas rater
Ce matin j'ai un rencard avec un moment de liberté
C'est qu'après pas mal d'études et quatre ans de taf à plein temps
10 Je me suis permis le luxe de m'offrir un peu de bon temps
Plus d'horaires à respecter, finies les semaines de 40 heures
Finies les journées enfermé, adieu la gueule des directeurs
J'ai rendez-vous avec personne, à aucun endroit précis
Et c'est bien ça qui cartonne écoute la suite de mon récit
15 Aujourd'hui, j'ai rien à faire et pourtant je me suis levé tôt
À mon ancienne vie d'affaires, j'ai posé un droit de veto
C'est un parcours fait de virages, de mirages, j'ai pris de l'âge
Je nage vers d'autres rivages, d'une vie tracée je serai pas un otage
Un auteur de textes, après un point je tourne la page
20 Pour apprécier demain et mettre les habitudes en cage
Je sais pas où je vais aller je me laisse guider par mon instinct
Fasciné par cette idée je kiffe tout seul c'est mon instant
Le soleil me montre la direction, ne crois pas que j'enjolive
C'est un moment plein d'émotion… attends j'avale ma salive
25 Je veux checker les éboueurs et aux pervenches rouler des pelles
Y'a du bon son dans la voiture quand j'arrive Porte de La Chapelle
Alors je m'enfonce dans Paris comme si c'était la première fois
Je découvre des paysages que j'ai pourtant vus 500 fois
Je crois que mon lieu de rendez-vous sera cette table en terrasse
30 Café-croissant-stylo-papier, ça y est tout est en place

1	**prendre qn/qc de vitesse** aller plus vite que qn/qc
2	**lui** → le réveil (Wecker)
3	**j'ai mis Morphée à l'amende** ich habe Morpheus (griech. Gott des Schlafes) bestraft
5	**une odeur** Duft
8	**un rencard** *fam* un rendez-vous
9	**le taf** *arg* le travail
11	**un horaire** un emploi du temps
12	**enfermer qn** jdn einschließen
12	**la gueule** *ici :* *vulg* le visage
14	**cartonner** *fam* knallen
17	**un mirage** une illusion
18	**le rivage** la rive
18	**un otage** Geisel
20	**apprécier** würdigen
20	**mettre en cage** einsperren
22	**kiffer** *ici :* Spaß haben
23	**enjoliver** beschönigen
24	**avaler sa salive** Speichel schlucken
25	**un éboueur** Müllmann
25	**une pervenche** *fam* Politesse
25	**rouler une pelle à qn** *fam* jdm einen Zungenkuss geben
27	**s'enfoncer** *ici :* entrer

Paris le jour, Paris la nuit

Fiche 1.8

Je vois plein de gens autour de moi qui accélèrent le pas
Ils sont pressés et je souris car moi je ne le suis pas
Je connaissais pas Paris le matin et son printemps sur les pavés
Ma vie redémarre pourtant on peut pas dire que j'en ai bavé
35 La route est sinueuse, je veux être l'acteur de ses tournants
C'est mon moment de liberté, je laisserai pas passer mon tour, nan
C'est un parcours fait de virages, de mirages, j'ai pris de l'âge
Je nage vers d'autres rivages, d'une vie tracée je serai pas un otage
Un auteur de textes, après un point je tourne la page
40 Pour apprécier demain et mettre les habitudes en cage
Puis je vois passer une charmante dans un beau petit tailleur
Elle me regarde comme on regarde un beau petit chômeur
Quand je la vois elle m'esquive et fait celle qui ne m'a pas calculé
Je réalise avec plaisir que socialement j'ai basculé
45 Il est lundi 10 h et j'ai le droit de prendre mon temps
Mon teint, mon ton sont du matin et y'a personne qui m'attend
Y'a tellement de soleil qu'y a que le ciment qui fleurit pas
Il est lundi 11 h et moi je traîne dans Ris-Pa
Loin de moi l'envie de faire l'apologie de l'oisiveté
50 Mais elle peut aider à se construire, laisse-moi cette naïveté
Puis de toute façon j'ai mieux à faire que me balader dans Paname
Dès demain je vois des enfants pour leur apprendre à faire du slam
Je connaissais pas Paris le matin, voilà une chose de réparée
Je sais pas trop ce qui m'attend mais ce sera loin d'une vie carrée
55 Moi j'ai choisi une voie chelou, on dirait presque une vie de bohème
Mais je suis sûr que ça vaut le coup, moi j'ai choisi une vie de poèmes.

JE CONNAISSAIS PAS PARIS LE MATIN
Texte de GRAND CORPS MALADE
Musique de Seb MAU'
© ANOUCHE Productions

31 **plein de** beaucoup de
31 **accélérer le pas** marcher plus vite
33 **le pavé** *ici :* la rue
34 **redémarrer** recommencer
34 **en baver** *fam* avoir une vie difficile
35 **sinueux, euse** ≠ direct, droit
41 **une charmante** une jolie femme
41 **le tailleur** Kostüm
43 **esquiver qn** ausweichen
43 **calculer** *ici :* remarquer
44 **basculer** changer de côté
46 **le ton** *ici :* la voix
47 **y'a que** il n'y a que
48 **Ris-Pa** *verlan* Paris
49 **faire l'apologie de** verherrlichen
49 **l'oisiveté** *f* Müßiggang
51 **Paname** Paris
52 **le slam** *v. ci-dessous*
54 **une vie carrée** une vie bien réglée
55 **la voie** le chemin
55 **chelou** *verlan* louche
ici : bizarre, étrange
55 **une vie de bohème**
ein Leben als Künstler

Après l'écoute

1. Exposez brièvement tout ce qui faisait partie de « la vie d'affaires » que le narrateur (« je » dans la chanson) vient de quitter.
2. Comment voit-il sa nouvelle vie, « la vie de bohème, la vie de poèmes » ?
3. Décrivez l'état d'âme du narrateur ce matin-là.

Au-delà du texte

1. Aimeriez-vous vivre « une vie de bohème », une vie où vous ne savez pas ce qui vous attend ? Justifiez votre opinion.
2. « La charmante » que le narrateur rencontre dans la rue arrive au bureau. Elle parle de lui à sa collègue. Imaginez leur conversation.

Fiche 1.9 — Paris le jour, Paris la nuit

a. « C'est quoi le slam ? »

Il y a évidemment autant de définitions du slam qu'il y a de slameurs et de spectateurs des scènes slam.

Pourtant il existe, paraît-il, quelques règles, quelques codes :
- les textes doivent être dits *a cappella* (« sinon c'est plus du slam » ?)
5 - les textes ne doivent pas excéder 3 minutes (oui mais quand même des fois, c'est 5 minutes…)
- dans les scènes ouvertes, c'est « un texte dit = un verre offert » (sauf quand le patron du bar n'est pas d'accord…)

Bref, loin de toutes ces incertaines certitudes, le slam c'est avant tout une
10 bouche qui donne et des oreilles qui prennent. C'est le moyen le plus facile de partager un texte, donc de partager des émotions et l'envie de jouer avec des mots.

Le slam est peut-être un art, le slam est peut-être un mouvement, le slam est sûrement un Moment… Un moment d'écoute, un moment de
15 tolérance, un moment de rencontres, un moment de partage.

Enfin bon, moi je dis ça…

Grand Corps Malade

http://www.grandcorpsmalade.com/slam.htm

1	**évidemment** → évident, e
1	**un slameur/slammeur** personne qui fait du slam
3	**le code** la loi
4	*a cappella* ohne Begleitung von Instrumenten
4	**sinon** sonst
5	**excéder** *ici:* être plus long que
6	**des fois** parfois
9	**incertain, e** ≠ certain
9	**la certitude** Gewissheit
13	**un mouvement** Bewegung

Autour du texte

1. Retrouvez les caractéristiques des définitions que Grand Corps Malade donne du slam.
2. Quelles règles ne respecte-t-il pas lui-même dans la chanson *Je connaissais pas Paris le matin* ?
3. Par rapport au slam, qu'est-ce qui est important pour lui ?

b. « Le slam, la musique des mots » ▲

La scène française se développe

Un papier, un stylo, un micro : voici les principaux instruments du slam, cet art oratoire entre poésie et musique qui consiste à déclamer un texte dans un bar, face à un public à la fois jury et acteur. Né aux États-Unis, le slam
5 a traversé l'Atlantique au milieu des années 1990 et suscite aujourd'hui un véritable engouement en France à tel point qu'il commence à se décliner sur disques.

C'est à Chicago, il y a environ vingt ans, que le terme « slam » voit le jour. Ouvrier en bâtiment et poète anticonformiste, Marc Smith décide de faire
10 descendre la poésie de son piédestal en organisant des joutes oratoires dans les bars de sa ville. […]

3	**l'art oratoire** *m* Redekunst
3	**déclamer** vortragen
4	**à la fois** en même temps
5	**susciter** faire naître
6	**véritable** vrai
6	**l'engouement** *m* Begeisterung
6	**à tel point** tellement
6	**se décliner sur disques** *ici :* wird auf CDs veröffentlicht
7	**un disque** *ici :* CD
8	**il y a** *ici :* vor
9	**le bâtiment** *ici :* Bau(handwerk)
9	**anticonformiste** jd, der nicht der allgemeinen Strömung folgt
10	**un piédestal** Sockel
10	**une joute oratoire** Wortgefecht
14	**un terme** un mot
15	**un conteur** → le conte

Paris le jour, Paris la nuit

Slam à la française

En France, les premières soirées de « slam poésie » apparaissent au milieu des années 1990, même si le terme n'est pas encore utilisé. […] Écrivains, poètes, rappeurs, conteurs ou marginaux sont rapidement conquis par ces soirées hebdomadaires qui leur offrent une tribune inédite pour exprimer leurs revendications et leurs états d'âme. Quelques règles sont à respecter : le temps de parole ne doit pas excéder trois minutes et l'utilisation d'instruments, de musiques ou de déguisements est prohibée. […]

Un essor considérable

À Paris comme en province, les scènes slam ne se comptent plus.
« Le slam est une sorte d'exutoire par rapport à l'isolement », explique Nada. […] Ces nouveaux espaces d'expression sont surtout des lieux de rencontres où se confondent tous les milieux, toutes les origines sociales. Sur scène, un jeune rappeur succède à un poète classique et précède un étudiant en sciences politiques. Le slam serait-il en train de tisser un lien social d'un nouveau genre ?
« Le temps d'une soirée, oui », tempère Rouda, slammeur du collectif parisien 129H. « Mais il ne faut pas trop idéaliser le slam ou ce qu'il représente : une fois la session terminée, chacun rentre chez soi. » […]

Ateliers d'écriture

Art urbain et populaire, le slam possède aussi une vocation pédagogique auprès des jeunes à travers la mise en place d'ateliers d'écriture. Neobled, Lyor et Rouda, les trois rappeurs-slammeurs du collectif 129H, ont monté leur premier atelier en 2001. Aujourd'hui, ils en animent plus d'une dizaine. […] « L'objectif premier de ces ateliers est de créer et d'interpréter un texte », explique Rouda. « On s'est rendu compte que le fait de s'éprouver devant un public aidait énormément les jeunes, au niveau de l'expression et de l'affirmation de soi. » Âgé de 22 ans, Neobled en est l'exemple vivant. Cet ancien « archétype du gars de quartier », comme il se définit lui-même, a trouvé dans le slam un moyen de se réconcilier avec la langue française. « Non seulement cela t'ouvre sur l'écriture, sur tout ce qui est littéraire, mais en plus cela te permet de créer des liens avec des gens. » […] « Les participants n'ont pas obligatoirement de meilleures notes en français, mais ils développent un goût pour l'écriture, pour la maîtrise des mots et du langage », poursuit Rouda. « L'objectif est de montrer que l'on a tous une capacité de création. Être artiste, ce n'est pas forcément passer à la « Star Academy » ou vendre des CD. Le simple fait d'écrire, c'est déjà être artiste. »

Benjamin Roux

http://www.rfimusique.com/musiquefr/articles/069/article_15728.asp

---

Vocabulaire :

- 15 **un marginal** Außenseiter
- 15 **conquérir** erobern
- 16 **inédit, e** nouveau
- 17 **la revendication** Forderung
- 17 **un état d'âme** Befindlichkeit
- 19 **un déguisement** Kostümierung
- 19 **prohiber** interdire
- 20 **un essor** Aufschwung
- 20 **considérable** important
- 21 **ne se comptent plus** ne peuvent plus être comptés
- 22 **un exutoire** Ventil
- 22 **par rapport** bezüglich
- 22 **l'isolement** *m* Einsamkeit
- 24 **se confondre** se mêler
- 25 **succéder à qn** suivre qn
- 25 **précéder** ≠ suivre
- 26 **tisser** *ici* : knüpfen
- 28 **tempérer** dämpfen
- 30 **la session** *ici* : Vorstellung ; Sitzung
- 32 **la vocation** Berufung
- 33 **auprès de** bei
- 33 **à travers** par
- 33 **la mise en place** Einrichtung
- 37 **s'éprouver** sich testen
- 39 **l'affirmation de soi** Selbstbestätigung
- 40 **un archétype** un modèle
- 40 **un gars** *fam* un garçon
- 41 **se réconcilier** → la réconciliation
- 44 **obligatoirement** nécessairement
- 45 **la maîtrise** Beherrschung
- 46 **la capacité** → capable
- 47 **forcément** nécessairement
- 47 **la Star Academy** *etwa:* Deutschland sucht den Superstar

---

Autour du texte

1. Exposez brièvement ce qu'on apprend sur le slam, son histoire, son présent.
2. Expliquez les possibilités et les limites du slam comme lien social.
3. Précisez en quoi consiste, pour l'auteur, la « vocation pédagogique » du slam.

Fiche 1.10 — Paris le jour, Paris la nuit

Mano Negra, *Paris la nuit (Ronde de nuit)*

Avant l'écoute

1. Qu'est-ce que vous associez à *Paris la nuit*. Notez vos idées personnelles.
2. En petits groupes, créez des affiches avec des textes, des photos, *etc.* qui illustrent vos idées sur *Paris la nuit*.

Au cœur de la ville endormie
Reposent des millions d'gens soumis
Plus personne court pour hurler la nuit
Que l'vieux clochard sous l'pont d'Marie
5 Dans la rue y'a plus qu'des matons
Tous les apaches sont en prison
Tout est si calme qu'ça sent l'pourri
Paris va crever d'ennui !!!

Paris se meurt aujourd'hui
10 D's'être donnée à un bandit
Un salaud qui lui a pris
Ses nuits blanches
Paris la nuit c'est fini
Paris va crever d'ennui
15 Paris se meurt rendez-lui
ses nuits blanches !

Allons enfants de la patrie
Contre nous de la tyrannie
Dont nous abreuvent les bouffons
20 Du baron qui règnent à la mairie

Paris se meurt aujourd'hui
D's'être donnée à un bandit
Un salaud qui lui a pris
Ses nuits blanches
25 Paris la nuit c'est fini
Paris va crever d'ennui
Paris se meurt rendez-lui Arletty !
La ronde de nuit *(plusieurs fois)*

PARIS LA NUIT © 1997 by Delabel Editions/EMI Music Publ. France SA
Rechte für Deutschland, Österreich, Schweiz und Osteuropa (außer Baltikum): EMI Music Publishing Germany GmbH, Hamburg

Après la première écoute

Caractérisez la musique à l'aide de la fiche 1.3 et dites quelle atmosphère s'en dégage.

Autour du texte

1. Quelle image de *Paris la nuit* la chanson donne-t-elle ? Comparez-la avec vos propres idées.
2. Étudiez le premier couplet de plus près et dites pourquoi « Paris va crever d'ennui ».
3. Analysez le refrain et le deuxième couplet et expliquez les raisons pour lesquelles « Paris la nuit c'est fini ».
4. Précisez comment Mano Negra caractérise les responsables politiques de la capitale.
5. À l'aide d'informations sur Arletty et sur le film *Les Enfants du paradis*, dites pourquoi le retour de celle-ci pourrait empêcher « la mort » de Paris.

Au-delà du texte

Pour que Paris ne meure pas d'ennui, le groupe autour du narrateur écrit sa « thérapie » en forme de revendications (*Forderungen*) sur un tract (*Flugblatt*). Rédigez ce tract en utilisant les formes de l'impératif ainsi que les verbes et expressions exprimant un désir ou une nécessité et qui entraînent l'emploi du subjonctif.

---

la ronde de nuit der nächtliche Kontrollgang – 2 **reposer** dormir – 2 **des millions d'gens** des millions de gens – 2 **soumettre** unterwerfen – 3 **hurler** crier – 4 **l'vieux clochard** le vieux clochard = le SDF – 4 **l'pont Marie** un pont à Paris – 5 **y'a plus** il n'y a plus – 5 **un maton** Gefängnisaufseher – 6 **les apaches** Apachen, *ici* : Ganoven – 7 **sentir le pourri** nach Moder, verfault riechen – 8 **crever de** *fam* mourir de – 17 **Allons enfants… tyrannie** deux vers du début de « La Marseillaise » l'hymne national de la France – 19 **abreuver qn de qc** jdn mit etw überhäufen – 19 **le bouffon** *fam* le clown ; une personne sans intérêt – 20 **régner** regieren – 23 **un salaud** *pop* Sauker – 27 **Arletty** actrice française (1898-1992)

Paris le jour, Paris la nuit

Fiche 1.11

a. Jacques Prévert, *Paris at night*

Trois allumettes une à une allumées dans la nuit
La première pour voir ton visage tout entier
La seconde pour voir tes yeux
La dernière pour voir ta bouche
Et l'obscurité tout entière pour me rappeler tout cela
En te serrant dans mes bras.

Jacques Prévert, *Paroles*, © Éditions Gallimard, Folio, Paris, 1972, p. 201

Autour du texte

1. Expliquez le rôle que jouent la lumière et l'obscurité pour le narrateur.
2. Quels procédés de style l'auteur utilise-t-il pour renforcer ses idées et le lyrisme de son poème. Cochez et justifiez votre choix en donnant des exemples.

☐ la comparaison ....
☐ l'allitération *f* ....
☐ l'assonance *f* ....
☐ l'énumération *f* ....
☐ la répétition ....
☐ le parallélisme ....
☐ la métaphore ....

3. En vous servant des solutions de 1. et 2., expliquez le poème de Prévert.

b. Robert Doisneau, *La dernière valse du 14 juillet*

Autour de l'image

1. En regardant la photo, dites si vous associez la scène représentée plutôt à la chanson de Mano Negra (Fiche 1.10), au poème de Prévert ou à aucun des deux ? Justifiez votre réponse.

2. Racontez comment se sont passées la journée et la soirée du couple sur la photo. Utilisez les temps du passé (*imparfait, passé composé, plus-que-parfait*).

Révision : Lexique et figures de style

1. Révision et élargissement du vocabulaire

À la fin du chapitre 1, il est important de réviser et d'élargir votre vocabulaire thématique sur Paris. Une possibilité pour s'en faire une bonne vue d'ensemble est d'intégrer les mots nouveaux ainsi que ceux que vous connaissez déjà dans une carte heuristique (*Mindmap*). Peu à peu, vous allez pouvoir compléter votre carte par d'autres mots qui font partie de ce thème. Vous pouvez faire des recherches dans un dictionnaire ou compléter la liste par des mots que vous trouverez dans les textes qui suivent.

Complétez la carte heuristique.

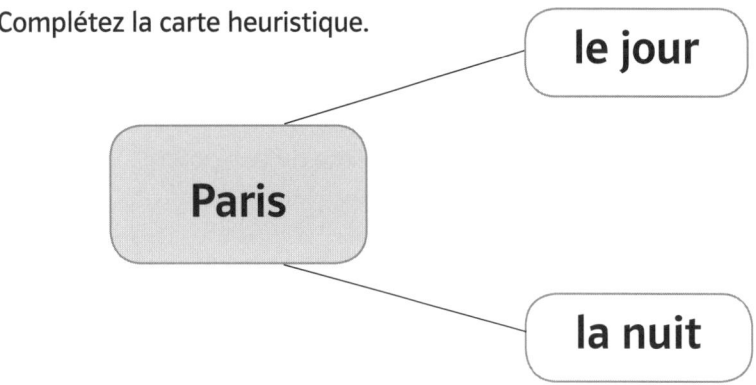

2. Révision des centres d'intérêt du chapitre

1. Lexique pour parler d'une chanson
   a. Notez à côté de chaque instrument son nom en français.

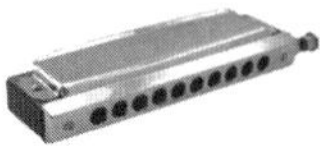

1. ....
2. .... 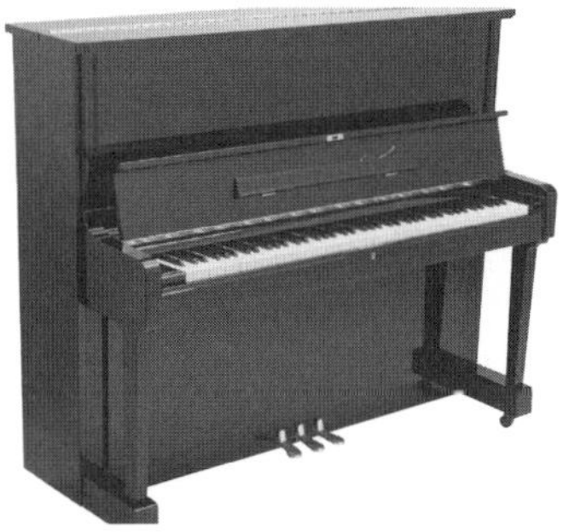
3. .... 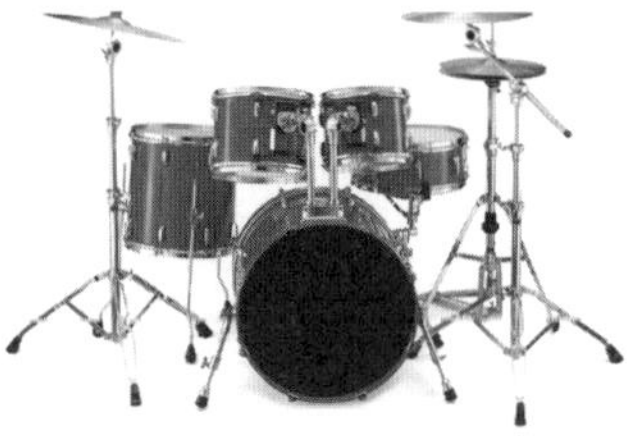
4. .... 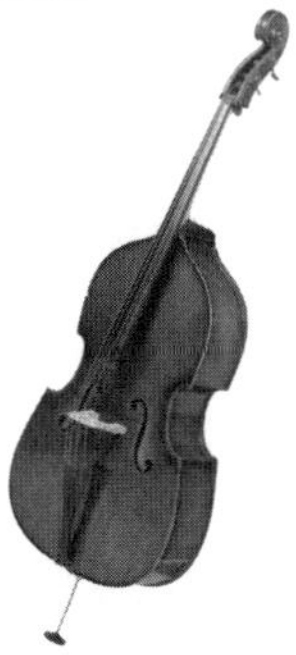
5. .... 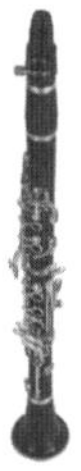
6. .... 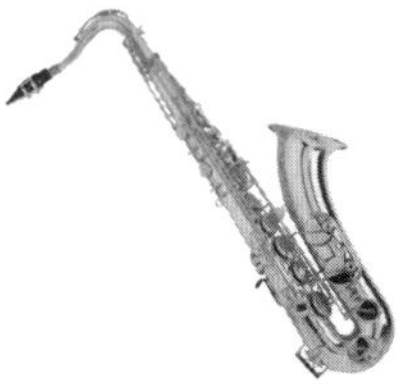
7. .... 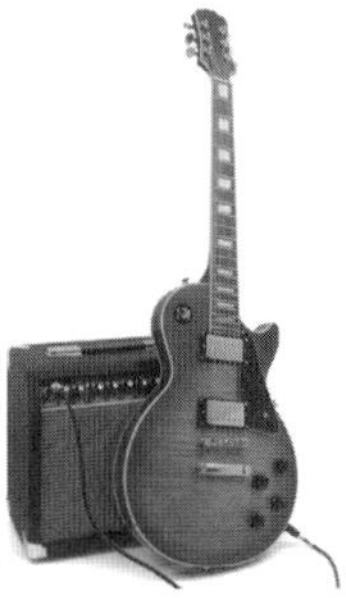
8. .... 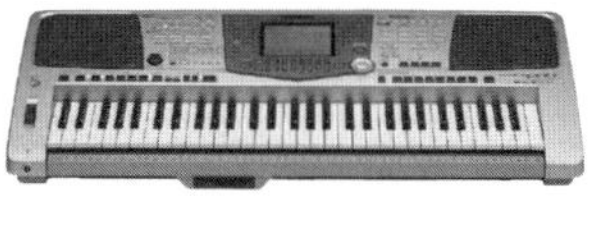
9. ....

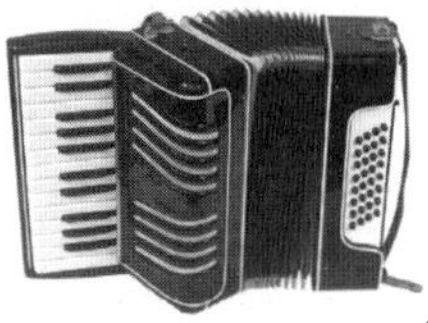

Paris le jour, Paris la nuit

b. Comment caractériser la voix de l'interprète ? Notez les adjectifs que vous connaissez.

_____
_____
_____
_____
_____
_____

2. Les caractéristiques du slam :

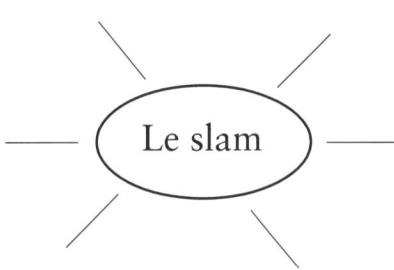

3. Dites quelles figures de style les auteurs ont utilisées dans les exemples suivants :

a. « La tour Eiffel a froid aux pieds »

b. « Parfois une petite bagarre
Parfois au désespoir »

c. « J'ai mis Morphée à l'amende »

d. « Ce matin mon tout petit dèj' n'a pas vraiment la même odeur
Ce matin mon parking tout gris n'a pas vraiment la même couleur »

e. « Ce matin j'ai un rencard avec un moment de liberté »

f. « C'est un parcours fait de virages, de mirages, j'ai pris de l'âge
Je nage vers d'autres rivages, d'une vie tracée je serai pas un otage »

g. « Et l'obscurité tout entière pour me rappeler tout cela
En te serrant dans mes bras »

Fiche 2.1 — **2 Paris l'amour toujours**

Bill Pritchard, *Toi et moi* ▲

Avant l'écoute

1. En commençant les phrases par « Toi et moi », imaginez quelques petites situations et racontez-les.

2. En partant du titre et des situations imaginées dans 1., dites si vous attendez une chanson gaie et heureuse ou plutôt une chanson mélancolique ? Justifiez vos hypothèses.

Seul dans les rues de Paris
Dans les beaux quartiers tout est fermé
Ton lycée sur la place et le café-tabac d'en face
Je suis seul dans les rues de Paris
5 Les murs sont gris, le ciel est blanc
Le dimanche à midi on allait manger chez tes parents
Toi et moi dans les rues de Paris
Tous les deux, jeunes et amoureux
Sans savoir que l'on était heureux
10 On marchait dans les rues de Paris
Toi qui parlais et moi qui t'embrassais
Pas d'argent, pas d'horaires et jamais rien d'autre à faire
On traînait dans les rues de Paris
15 En terrasse, sans idéal
De ton Montparnasse à ma Place Pigalle

Toi et moi dans les rues de Paris
Tous les deux, jeunes et amoureux
Sans savoir que l'on était heureux
20 Une fenêtre au dernier étage, un rideau bleu
Un décor un peu trop sage, un peu trop vieux
Je crois te voir me dire au revoir
Et je me réveille de ce long sommeil
Dans les rues de Paris
25 Dans les rues de Paris
Toi et moi dans les rues de Paris
Le ciel était bleu, on était bien
On était des dieux, on n'avait peur de rien
Tous les deux, jeunes et amoureux
30 Sans le savoir, on était heureux
Toi et moi
Toi et moi à Paris…

Musik: William Pritchard / Thomas Deligny; Originaltext: William Pritchard / Daniel Cuesta
© Copyright by Peermusic France; für Deutschland: Peermusic (Germany) GmbH

Après l'écoute → Fiche 1.3

1. Caractérisez la musique et dites à laquelle des idées dans **Avant l'écoute** 2. elle correspond le mieux.
2. À votre avis, quel est le sujet principal de la chanson ?
   a. La description d'une journée romantique de deux amoureux à Paris.
   b. Les souvenirs du narrateur d'une histoire d'amour qui s'est passée à Paris.
   c. Les souvenirs d'un couple au début de leur histoire d'amour à Paris.
   Justifiez vos réponses.

Autour du texte

1. Résumez en quelques mots ce qu'on apprend sur le passé et le présent des deux personnages.
2. Dégagez l'état d'âme du narrateur.
3. Analysez les différences entre les deux personnages (leurs quartiers préférés, leurs goûts, leurs caractères).
4. Comment comprenez-vous la phrase « sans savoir que l'on était heureux » ?

Au-delà du texte

Les deux amoureux d'autrefois se rencontrent par hasard à l'occasion d'un vernissage.
Imaginez leur conversation.

---

9 **l'on** = on (das *l'* hat nur die Aufgabe, das übliche *qu'on* weicher klingen zu lassen) – 14 **traîner** herumlungern – 15 **sans idéal** *m* wörtlich : ohne Vorbild, *ici* : sans but – 20 **un rideau** Vorhang – 21 **un décor** *ici* : la façon dont l'appartement est meublé – 21 **sage** *ici* : classique et conformiste (brav, spießig) – 28 **les dieux** *m* Götter

Paris l'amour toujours

Guillaume Apollinaire, *Le pont Mirabeau*

Avant la lecture

À quoi vous fait penser le mot « pont » ? Pourquoi construit-on un pont ?
Quelle est sa fonction ? Que peut-il symboliser ?

    Sous le pont Mirabeau coule la Seine
        Et nos amours
      Faut-il qu'il m'en souvienne
    La joie venait toujours après la peine

5   Vienne la nuit sonne l'heure
      Les jours s'en vont je demeure

Les mains dans les mains restons face à face
        Tandis que sous
     Le pont de nos bras passe
10   Des éternels regards l'onde si lasse

      Vienne la nuit sonne l'heure
      Les jours s'en vont je demeure

L'amour s'en va comme cette eau courante
        L'amour s'en va
15   Comme la vie est lente
   Et comme l'Espérance est violente

      Vienne la nuit sonne l'heure
      Les jours s'en vont je demeure

Passent les jours et passent les semaines
20   Ni temps passé
    Ni les amours reviennent
   Sous le pont Mirabeau coule la Seine

      Vienne la nuit sonne l'heure
      Les jours s'en vont je demeure

Guillaume Apollinaire, *Le pont Mirabeau*, *Alcools* (1912)

3 **faut-il qu'il m'en souvienne**
   faut-il que je m'en souvienne ?
4 **la peine** la douleur, le chagrin, le malheur
5 **vienne la nuit sonne l'heure**
   mag die Nacht kommen und die Stunde schlagen
6 **s'en aller** *ici* : passer
6 **demeurer** rester
8 **tandis que** alors que
10 **éternel, le** → *angl* : eternal
10 **une onde** *ici* : l'eau
10 **las, se** fatigué (passe l'onde [qui est] si lasse des éternels regards)
16 **l'espérance** *f* l'espoir *m*
16 **violent, e** → la violence
20 **ni... ni** (ne...) weder... noch

Autour du texte

1. Retrouvez les thèmes principaux évoqués dans le poème.
2. Étudiez les informations que donne le texte sur le « moi lyrique ».
3. Analysez la fonction symbolique du pont Mirabeau dans le contexte du poème.
4. En donnant quelques exemples, expliquez par quels moyens stylistiques le poète souligne ses idées.

Au-delà du texte

Discussion : Quels points communs, quelles différences voyez-vous entre le poème d'Apollinaire et la chanson de Bill Pritchard ?

Paris l'amour toujours

Fiche 2.3

✎ Activité créative ▲

En partant des cinq photos (que vous pouvez mettre dans l'ordre qui vous convient), imaginez une histoire et écrivez-la dans vos cahiers. Créez des identités fictives, inventez des événements, réfléchissez si votre histoire aura une fin heureuse ou pas. Bien sûr, vous pouvez aussi choisir la forme d'un poème si cela vous convient.

Paris l'amour toujours

Lexique thématique de l'amour

aimer qn

être attiré,e par qn	*angezogen werden von jdm*
se rapprocher de qn	*jdm näher kommen*
être / tomber amoureux, -euse de qn	*in jdn verliebt sein/sich in jdn verlieben*
en pincer pour qn	*in jdn verknallt sein*
avoir le coup de foudre pour qn	*Liebe auf den ersten Blick für jdn*
sortir avec qn	*mit jdm befreundet sein, mit jdm „gehen"*
embrasser qn	*jdn küssen*
se faire des câlins *m*	*schmusen*
faire l'amour	*miteinander schlafen*
avoir des rapports sexuels	*Geschlechtsverkehr mit jdm haben*
des relations (sexuelles)	*sexuelle Beziehungen mit jdm haben*
une relation durable avec qn	*eine dauerhafte Beziehung mit jdm haben*
être fidèle à qn	*jdm treu sein*
la fidélité / l'infidélité *f*	*(Un)Treue*

aimer qn du même sexe

être homo(sexuel,le)	*homosexuell, schwul sein*
être lesbienne	*lesbisch sein*
prendre conscience *f* de son homosexualité	*sich seiner Homosexualität bewusst werden*
assumer sa différence	*zu seiner Andersartigkeit stehen*
faire son coming-out	*sich öffentlich bekennen*

Fiche 2.5 — Paris l'amour toujours

Olivia Ruiz, *Paris* ▲

Avant l'écoute

Quels sont les problèmes typiques de la vie dans une grande ville comme Paris ?

Je ne sais pas par où commencer,
Dois-je suivre la lune ou ma bonne étoile
Attendre que la vie finisse par passer,
Ou provoquer un destin fatal

5 *Paris dévoile mon amour,*
Perdue parmi tous ces gens
Paris délivre mon amour,
Je serai sur le pont des amants

Tellement de gens et si peu de regards,
10 Tellement de gens et si peu de sourires
Jamais le temps de s'offrir au hasard,
Si peu de temps qu'on aimerait en finir

Paris dévoile mon amour,
Perdue parmi tous ces gens
15 *Paris délivre mon amour,*
Je serai sur le pont des amants

Belle Paris fais-toi généreuse
Avec ma pauvre âme en peine
Je dirai partout que tu es merveilleuse,
20 Si tu me trouves un seul je t'aime

Paris dévoile mon amour,
Perdue parmi tous ces gens
Paris délivre mon amour,
Je serai sur le pont des amants.

25 Perdue parmi tous ces gens
J'attends sur le pont des amants *(x3)*

« PARIS »
Music & Text: David Hadjadj, Jérôme Rebotier, Thierry Samoy
© Universal Music Publ. SAS, Une Musique, Case Prod. / Universal Music Publ. GmbH

2 **la lune** Mond
4 **provoquer** causer, entraîner
4 **fatal** malheureux
5 **dévoiler** enthüllen
7 **délivrer** libérer
17 **généreux, euse** großzügig
18 **en peine** triste
19 **merveilleux, euse** extraordinaire, fantastique

Autour du texte

1. Exposez brièvement le problème principal de la narratrice.
2. Expliquez pourquoi la narratrice n'arrive pas à le résoudre.

Au-delà du texte

1. Commentez l'attitude de la narratrice.
2. D'après vous, que pourrait-on faire pour se sentir mieux dans une métropole comme Paris ? (Employez le conditionnel dans vos réponses.)

Paris l'amour toujours

« Paris, partir ou rester ? » ▲

Avant la lecture

1. Comment pouvez-vous vous expliquer les mots suivants sans consulter un dictionnaire ?
permanent – polluer – vieillir – une tendance – frustrant – l'anonymat (m) – un logement – équivalent, e – un mythe – festif, ive

Sur son blog intitulé « Les tribulations d'un entrepreneur », Jean-Hubert Déchenaud énonce les avantages et les inconvénients de vivre à Paris.

Paris, c'est renversant : que ça soit au petit matin, ou au
5 coucher du soleil, Paris est un spectacle permanent en haute définition.

Trop de stress.

Pas assez de qualité de vie.

La pollution. Quoi que la campagne soit plus polluée qu'on
10 ne le pense en raison des pesticides.

Nous ne vieillirons pas à Paris. Plus on vieillit, plus on s'éloigne de Paris, c'est une grande tendance. [...]

Frustrant. Pas facile de trouver des billets pour les spectacles courus. À moins de beaucoup anticiper. Ou alors c'est trop
15 cher.

Anonymat. À Paris, on est anonyme. Donc pas d'histoires de village où tout se sait. On peut complètement changer de vie, sans changer de quartier. Et sans croiser les gens de notre vie d'avant.

20 **La ville des goujats.** Le problème ce n'est pas tant l'insécurité, mais les petites incivilités dont les Parisiens sont coutumiers.

Le monde pour un ticket de métro. Manger indien, arménien, sénégalais ou portugais ? C'est possible à Paris.

Les taxis sont rares. Quiconque ayant cherché à attraper un
25 taxi un vendredi soir à Paris sait de quoi il en ressort.

On s'entasse. On vit, à logement équivalent, plus nombreux à Paris qu'ailleurs. La faute est entre autres à l'immobilier cher.

On peut se passer de voiture. 57 % des ménages parisiens

---

1 **une tribulation** *ici* : une aventure
1 **un entrepreneur** Unternehmer
4 **renversant** étonnant (→ étonner)
4 **le petit matin** très tôt le matin
5 **en haute définition** hoch auflösend
9 **quoi que** wie dem auch sei
10 **en raison de** à cause de
14 **couru, e** que tout le monde veut voir
14 **à moins de beaucoup anticiper** es sei denn, man kümmert sich sehr früh darum
18 **croiser qn** rencontrer
20 **un goujat** Rüpel
21 **l'insécurité** f ≠ la sécurité
21 **l'incivilité** f unsoziales Verhalten
21 **être coutumier de** avoir l'habitude de
25 **quiconque** wer auch immer
26 **de quoi il en ressort** auf was das hinausläuft
27 **s'entasser** zusammengepfercht sein
28 **ailleurs** anderswo
28 **l'immobilier** m Immobilienhandel

Fiche 2.6 — Paris l'amour toujours

n'en ont pas. Merci au réseau de transports en commun le plus
30 dense du monde ! [...]

La capitale des *people*. Quel Parisien n'a pas de *people* dans son quartier ? Moi, c'est, entre autres, Ludivine Sagnier et Rochelle Redfield (Johanna dans « Hélène et les garçons », vous vous souvenez ?).

35

La montagne et la mer sont loin. [...]

Trop de bruit. La pollution sonore, c'est pas un mythe. Encore moins si les voisins du dessus sont sans-gêne.

Tous les TGV mènent à Paris. On est encore dans le modèle centralisé sur Paris. Donc, tous les TGV mènent à Paris veut surtout
40 dire qu'on peut aller partout à partir de Paris.

Capitale festive, capitale du *happening*.

Jean-Hubert Déchenaud, blog : « Les tribulations d'un entrepreneur », 11.2006
http://blog.dechenaud.com/weblog/2006/11/paris_partir_ou.html

---

- 29 **se passer de** verzichten
- 29 **le ménage** Haushalt
- 30 **le transport en commun** öffentlicher Nahverkehr
- 33 **Ludivigne Sagnier** französische Schauspielerin
- 33 **Rochelle Redfield** amerikanische Schauspielerin
- 34 **« Hélène et les garçons »** französische TV-Serie der 90er.
- 37 **la pollution sonore** Lärmbelastung
- 38 **le dessus** Etage höher
- 38 **sans-gêne** rücksichtslos

Autour du texte

1. Notez dans un tableau les avantages et les inconvénients de Paris tels que l'auteur les a vus.
2. Comparez le résultat de la catégorie « avantages » avec le lieu où vous habitez : qu'est-ce qui est semblable ? Où voyez-vous des différences ?

Au-delà du texte

Discussion : Vivre à Paris ? Organisez un débat, donnez le pour et le contre.

Paris l'amour toujours

Philippe Delerm, *En abyme*

PARIS SE REGARDE. Sur tous les présentoirs de cartes postales, Paris se cherche dans sa propre image, amusé, étonné de si peu se reconnaître. Les touristes font défiler les photos cernées de blanc. Ils ont leur goût, ou bien celui de leur destinataire, souvent le même, hélas, et poussent un soupir de satisfaction - eh bien voilà, celle-là sera très bien pour Jacqueline ; ou l'équivalent avec l'accent texan. Par-dessus leur épaule, Paris fait la moue, un peu flatté quand même d'être partout décliné, reproduit, prolongé en abyme, de voir surgir une vie arrêtée qui ne lui semble pas la sienne.

L'aspect guindé, figé, parfois luxurieusement kitsch des clichés l'amuserait plutôt. Ce qui le gêne davantage, ce sont les photos qui prétendent lui voler un peu de son âme : le populaire mis en scène dans des quartiers aux poubelles débordantes, les volées d'escalier où des gosses à casquette jouent avec presque trop d'entrain – comment peuvent-ils avoir oublié à ce point l'objectif du photographe ? Et puis les amoureux des bords de Seine en noir et blanc.

Bien sûr, Paris se sent davantage approché par ces regards-là. Bien sûr, c'est presque ça. Mais presque, et Paris n'aime pas ce presque-là. Cette idée toute faite de sa poésie. Paris ne se sent pas poétique. Paris se regarde juste pour sourire, en se disant qu'aucun regard ne le possède, parce qu'il est vivant. Paris ne sera jamais Paris.

Philippe Delerm, *Paris l'instant*, Fayard, Paris, 2002, Le livre de poche 2004, pp 153-154

© Martine Delerm

en abyme *etwa:* in sich gespiegelt
2 **un présentoir** Verkaufsständer
7 **cerner** umranden
10 **hélas** ach! Leider!
10 **pousser un soupir** einen Seufzer ausstoßen
14 **par-dessus** über
14 **une épaule** Schulter
15 **faire la moue** *fam* einen schiefen Mund ziehen
17 **décliner** in unterschiedlicher Aufmachung anbieten
17 **prolongé en abyme** in Spiegelbildern fortgesetzt
18 **surgir** apparaître
21 **guindé** unnatürlich, geschraubt
21 **figé** maskenhaft, starr
21 **luxurieusement** *ici :* hemmungslos
23 **prétendre** *ici :* vouloir
24 **débordant, e** überquellende Mülleimer
24 **la volée d'escalier** Treppenlauf
25 **les gosses** *mpl fam* enfants
26 **l'entrain** *m* Schwung
29 **davantage** plus

Autour du texte

1. Étudiez de façon détaillée comment Paris juge le fait d'être le motif de milliers de photos.
2. Précisez pourquoi Paris ne se sent pas poétique.
3. Expliquez la dernière phrase.

Fiche 2.8 — Paris l'amour toujours

Thomas Fersen, *Au Café de la Paix*

Avant l'écoute

Sur Internet, trouvez des informations sur le Café de la Paix à Paris :

a. Où se trouve-t-il ? A quelle station de métro faut-il descendre ?

b. Qu'est-ce qui vous attend sur « le plateau Café de la Paix » (consultez votre dictionnaire). Combien faut-il payer pour ce plat ?

c. Depuis quand le Café de la Paix existe-t-il ? Quand ses portes ont-elles été fermées pendant un certain temps ?

Online-Link : 597086-002

Rendez-vous
À la brasserie
Du Café de la Paix.
Je t'attendrai.
5 Je porte un feutre
De couleur neutre
Et mon pardessus
N'est pas brillant non plus.

Je poserai mon journal
10 Sur le bar devant moi.
Je poserai mon journal,
Tu me reconnaîtras.

Si t'es en retard,
Passé le quart
15 Je prendrai un demi
Pour noyer mon ennui.
Si t'es en retard,
Jusqu'au soir
Je prendrai un sérieux
20 Pour le noyer mieux.

Je plierai mon journal
Sur le bar devant moi,
Je plierai mon journal.
Tu me reconnaîtras,
25 Lalala…

On ira
Où tu voudras.
Tu me prendras le bras
Comme autrefois.
30 On ira voir notre rue,
Notre chambre au sixième.
Tout ça n'existe plus
Mais on ira quand même.

L'annonce dans le journal
35 Est parue il y a un mois.
Si tu lis ce journal,
Tu te reconnaîtras,
Lalala…

On ira voir la Seine
40 Et le cœur de Paris,
Ma maison de carton
Au pont d'Marie.
On ira voir ailleurs,
On ira faire fortune.
45 Lalala…

On ira voir ailleurs
Parce qu'il est l'heure.
Les chaises sont sur les tables.
C'est la fin de la fable.

50 Je pose ce qu'il me reste
Sur le bar devant moi :
Trois clous et un bouton de veste.
Tu ne me reconnaîtras pas.

La nuit étreint le ciel,
55 La nuit étreint le ciel.
Allez, mon rossignol,
La vie est belle.

---

5 **un feutre** Filzhut – 7 **un pardessus** un manteau pour les hommes – 8 **pas brillant** *ici* : rien d'extraordinaire – 14 **passé le quart** eine Viertelstunde vorbei ist – 15 **un demi** un verre de bière – 16 **noyer** ertränken – 19 **un sérieux** un verre de bière (demi-litre) – 21 **plier** knicken – 43 **ailleurs** anderswo – 44 **faire fortune** devenir riche – 49 **la fable** *ici* : histoire – 52 **un clou** Nagel – 52 **un bouton** Knopf – 54 **étreindre** embrasser – 56 **le rossignol** Nachtigall

Paris l'amour toujours

Fiche 2.8

Après l'écoute

Le rendez-vous au Café de la Paix
- a-t-il eu lieu ?
- est-il resté un rêve, une illusion ?
- aura-t-il bientôt lieu ?

Autour du texte

1. Faites le portrait du narrateur.

2. Étudiez de plus près le passé commun du narrateur et de la personne qu'il attend.

3. Expliquez pourquoi cette personne ne reconnaîtra plus le narrateur.

Au-delà du texte

1. En vous référant aussi bien aux paroles qu'à la musique de la chanson, dites s'il s'agit d'une chanson plutôt mélancolique ou d'une chanson plutôt gaie. Justifiez votre opinion.

2. L'année prochaine, vous pourrez faire un voyage à Paris. Réfléchissez à ce que vous y ferez et racontez vos idées en utilisant le futur simple. Employez, entre autres, les verbes suivants (dans l'ordre qui vous convient) : *aller – acheter – appeler – avoir – envoyer – être – faire – il faut – venir – voir*.
En cas de problèmes, consultez votre grammaire.

Jean Rodoz, *Sous les ponts de Paris*

Avant la lecture

À quoi vous fait penser le titre de ce texte ?

Pour aller à Suresnes
Ou bien à Charenton,
Tout le long de la Seine,
On passe sous les ponts.
5 Pendant le jour, suivant son cours,
Tout Paris en bateau défile,
L'cœur plein d'entrain, ça va, ça vient,
Mais l'soir, lorsque tout dort tranquille…

Sous les ponts de Paris,
10 Lorsque descend la nuit,
Tout's sort's de gueux se faufil'nt en cachette
Et sont heureux de trouver une couchette
« Hôtel du courant d'air »,
Où l'on ne paie pas cher,
15 L'parfum et l'eau c'est pour rien, mon Marquis.
Sous les ponts de Paris.

À la sortie d'l'usine,
Julot rencontr' Nini,
Ça va t'y, la rouquine,
20 C'est ta fête aujourd'hui.
Prends ce bouquet, quelqu's brins d'muguet,
C'est peu mais c'est tout' ma fortune,
Viens avec moi, j'connais l'endroit
Où l'on n'craint même pas l'clair de lune.

25 Sous les ponts de Paris,
Lorsque descend la nuit,
Comme il n'a pas d'quoi s'payer une chambrette,
Un couple heureux vient s'aimer en cachette
Et les yeux dans les yeux
30 Faisant des rêves bleus
Julot partage les baisers de Nini
Sous les ponts de Paris.

Rongée par la misère,
Chassée de son logis,
35 L'on voit un' pauvre mère
Avec ses trois petits.
Sur leur chemin, sans feu ni pain,
Ils subiront leur sort atroce.
Bientôt la nuit, la maman dit:
40 « Enfin ils vont dormir mes gosses. »

Sous les ponts de Paris,
Lorsque descend la nuit,
Viennent dormir là tout près de la Seine
Dans leur sommeil ils oublieront leur peine
45 Si l'on aidait un peu
Tous les vrais miséreux
Plus de suicid's ni de crimes dans la nuit
Sous les ponts de Paris.

Jean Rodoz, *Sous les ponts de Paris*, 1914

1-2 **Suresnes, Charenton** Vorstädte im Nordwesten bzw. Südosten von Paris, an der Seine – 5 **suivant son cours** ihrem Verlauf folgend – 6 **défiler** vorbeiziehen (→ le défilé) – 7 **l' (=le) cœur plein d'entrain** das Herz voller Lebenslust – 8 **lorsque** quand – 11 **tout's sort's (= toutes sortes) de gueux** alle Sorten Bettler – 11 **se faufiler** sich winden – 11 **en cachette** heimlich – 12 **une couchette** Liegeplatz – 12 **« Hôtel du courant d'air »** „Hotel zum Durchzug" – 17 **d'l'usine** de l'usine – 19 **ça va t'y** *fam* ça va, toi – 19 **rouquin, e** rothaarig – 21 **un brin d' (=de) muguet** ein Maiglöckchenstengel – 22 **la fortune** la richesse (Vermögen) – 24 **le clair de lune** Mondschein – 27 **comme il n'a pas d' (=de) quoi s' (=se) payer une chambrette** da er kein Geld hat, sich ein (Hotel)Zimmerchen zu leisten – 31 **partager les baisers** die Küsse teilen – 33 **rongé, e par** gepeinigt von – 34 **le logis** l'appartement *m* – 35 **l'on** on – 35 **un'** une – 38 **ils subiront leur sort atroce** sie werden ihr hartes Los hinnehmen – 40 **les gosses** *mpl fam* les enfants – 43 **à tout près de** ganz nah an – 44 **le sommeil** Schlaf – 44 **la peine** die misère – 46 **tous les vrais miséreux** alle wirklich Elenden

Paris l'amour toujours

Fiche 2.9

Autour du texte

1. Racontez ce qui se passe sous les ponts de Paris quand la nuit descend.

2. Caractérisez les différents groupes de personnes qui cherchent abri sous les ponts de Paris.

Au-delà du texte

1. Discutez : Est-ce que la chanson donne une vue réaliste ou romantique de la vie nocturne sous les ponts de Paris ?
2. La chanson date de 1914. La situation a-t-elle changé depuis ?

3. a. Trouvez des informations sur :
   - les Restos du cœur
   - les Enfants de Don Quichotte
   - Emmaüs France.

   b. En petits groupes, travaillez sur l'une de ces trois associations et faites une présentation de ses activités principales.

Fiche 2.10 — Paris l'amour toujours

Edith Piaf, *Paris*

Avant l'écoute

Informez-vous sur Edith Piaf, sa vie, son œuvre, son importance. Notez ce qui vous semble le plus intéressant dans sa vie. Si vous en avez la possibilité, regardez le film *La Môme* qui raconte sa vie de façon émouvante.

Online-Link : 597086-003

On se rappelle les chansons.
Un soir d'hiver, un frais visage,
La scène à marchands de marrons,
Une chambre au cinquième étage,
5 Les cafés crème du matin,
Montparnasse, le Café du Dôme,
Les faubourgs, le Quartier latin,
Les Tuileries et la Place Vendôme.

Paris, c'était la gaieté, Paris,
10 C'était la douceur aussi.
C'était notre tendresse.
Paris, des gamins, des artisans,
Des camelots et des agents
Et des matins de printemps,
15 Paris, l'odeur de ton pavé d'oies,
De tes marronniers, du bois,
Je pense à toi sans cesse.
Paris, je m'ennuie de toi, mon vieux.
On se retrouvera tous les deux,
20 Mon grand Paris.

Évidemment, il y a parfois
Des heures un peu difficiles
Mais tout s'arrange bien, ma foi.
Avec Paris, c'est si facile.
25 Pour moi, Paris, c'est les beaux jours
Les airs légers, graves ou tendres.
Pour moi, Paris, c'est mes amours
Et mon cœur ne peut se reprendre.

Paris, tu es ma gaieté, Paris.
30 Tu es ma douceur aussi.
Tu es toute ma tendresse.
Paris, des gamins, des artisans,
Des camelots et des agents
Et des matins de printemps,
35 Paris, l'odeur de ton pavé d'oies,
De tes marronniers, du bois.
Je pense à toi sans cesse.
Paris, je m'ennuie de toi, mon vieux.
On se retrouvera tous les deux,
40 Mon grand Paris.

Paroles et musique de André BERNHEIM
© Editions Raoul Breton

Autour du texte

En tenant compte des procédés de style utilisés (entre autres : énumération, structures parallèles, personnification, répétition…), expliquez comment le narrateur voit la ville de Paris ?

---

3 **le marron** Esskastanie – 7 **le faubourg** *ici* : le quartier – 9 **la gaieté** → gai – 11 **la tendresse** Zärtlichkeit – 12 **un gamin** *fam* un enfant ; *ici* : un garçon de Paris – 13 **un camelot** un marchand – 13 **un agent** un agent de police, un policier – 15 **un pavé d'oies** *ici* : les pierres recouvrant les rues de Paris – 16 **un marronnier** Kastanienbaum – 17 **sans cesse** toujours – 23 **s'arranger** aller mieux ; **ma foi** bien sûr – 26 **les airs** *m* les mélodies *f* – 26 **tendre** → la tendresse – 28 **se reprendre** *ici* : se calmer (sich fangen, beruhigen)

Paris l'amour toujours

Fiche 2.11

François Coppée, *En bateau-mouche*

Je pris le bateau-mouche au bas du Pont-Royal ;
Et sur un banc, devant le public trivial ;
- O naïve impudeur ! ô candide indécence ! –
Je vis un ouvrier avec sa connaissance,
5 Qui se tenaient les mains, malgré les curieux,
Et qui se regardaient longuement dans les yeux.
Ils restèrent ainsi tout le long de la Seine,
Sans faire attention au petit rire obscène
Des gens qui se poussaient du coude, l'air moqueur ;
10 - Et je les enviais dans le fond de mon cœur.

François Coppée, *Poésies 1869-1874*

1 **un bateau-mouche** Vergnügungsdampfer für Rundfahrten auf der Seine
2 **trivial** *ici* : vulgär
3 **l'impudeur** *f* Schamlosigkeit
3 **candide** naïf (arglos)
3 **l'indécence** *f* Unanständigkeit
4 **une connaissance** *ici* : sa petite amie
4 **tout le long de la Seine** den ganzen Weg auf der Seine
8 **obscène** obszön
9 **se pousser** sich stoßen
9 **le coude** Ellbogen
9 **l'air moqueur** *ici* : mit spöttischer Miene
10 **envier qn** beneiden

Autour du texte

1. Retrouvez les activités des différents personnages du poème.

2. Analysez les rapports entre ces personnages.

3. Comment l'auteur les caractérise-t-il ?

4. Expliquez le dernier vers.

Au-delà du texte

Que se racontent les gens du « public trivial » sur le bateau-mouche ? Imaginez leurs conversations.

Quelques figures de style pour analyser des textes lyriques (2)

1. Quel exemple illustre quelle définition ? Reliez la figure de style à la définition qui correspond.
2. Cherchez d'autres exemples pour les moyens stylistiques dans les textes des deux premiers chapitres.

Ils renforcent une idée sur le plan lexical :		
1. une antithèse	des mots qui s'opposent dans une phrase	a. Paris, c'était la gaieté, Paris,…
2. une exclamation	des paroles spontanées, criées qui expriment des émotions ou des sentiments	b. Tandis que sous Le pont de nos bras passe …
3. une gradation	une énumération (v. Fiche 1.7) où les mots suivent une progression croissante ou décroissante (zu-/abnehmend)	c. Et mon pardessus N'est pas brillant non plus
4. une litote	on suggère une idée par la négation de son contraire (ex. « ce n'est pas très bon » pour « c'est mauvais »)	d. Paris ne se sent pas poétique. Paris se regarde juste pour sourire, en se disant qu'aucun regard ne le possède, parce qu'il est vivant. Paris ne sera jamais Paris
5. une répétition	le même mot se trouve plusieurs fois dans une phrase ou un petit passage	e. Pas d'argent, pas d'horaires et jamais rien d'autre à faire
Ils renforcent/soulignent des idées sur le plan syntaxique :		
6. une anaphore	répétition d'un mot ou d'une expression en tête de phrase ou de vers	f. Ô naïve impudeur ! Ô candide indécence !
7. une ellipse	phrases compréhensibles où manquent des mots qui sont normalement nécessaires	g. Faut-il qu'il m'en souvienne ?
8. un enjambement	un ou plusieurs mots nécessaires d'un vers qui se retrouvent dans le vers suivant : les deux vers forment alors une unité	h. Tellement de gens et si peu de regards
9. une question rhétorique	fausse question parce qu'elle n'attend pas de réponse	i. Les airs légers, graves ou tendres…

Paris l'amour toujours

Thomas Dutronc, *J'aime plus Paris* ▲

Avant la lecture

Faites des hypothèses sur le titre « J'aime plus Paris ».

J'fais l'plein d'essence
Je pense aux vacances
Je fais la gueule
Et j'suis pas l'seul
5 Le ciel est gris
Les gens aigris
Je suis pressé
Je suis stressé

J'aime plus Paris
10 *On court partout, ça m'ennuie*
J'vois trop de gens
Je me fous de leur vie
J'ai pas le temps
Je suis si bien dans mon lit

15 Prépare une arche
Delanoë,
Tu vois bien
Qu'on veut s'barrer
Même plaqué or,
20 Paris est mort
Il est 5 or
Paris s'endort

Je sens 'j'étouffe
Je manque de souffle
25 Je suis tout pâle
Sur un p'tit pouf

J'aime plus Paris
Non mais on s'prend pour qui ?
J'veux voir personne
30 *Couper mon téléphone*
Vivre comme les nonnes
J'parle pas de John
J'aime plus Paris

Passé l'périph,
35 De pauvres hères
N'ont pas le bon goût
D'être millionnaires
Pour ces parias,
La ville lumière
40 C'est tout au bout
Du RER

Y a plus d'titis
Mais des minets
Paris sous cloche,
45 Ça me gavroche
Il est fini
L'Paris d'Audiard
V'nez aujourd'hui
Voir çui d'Hédiard

50 *J'aime plus Paris*
Non mais on s'prend pour qui ?
J'vois trop de gens
Je me fous de leur vie
J'ai pas le temps
55 *Je suis si bien dans mon lit*

J'irais bien voir la mer
Ecouter les gens se taire
J'irais bien boire une bière
Faire le tour de la Terre

60 *Pourtant Paris*
C'est toute ma vie
C'est la plus belle
J'en fais l'pari
Il n'y a qu'elle
65 *C'est bien l'ennui*
J'aime plus Paris…

Paroles et musique : Thomas Dutronc ; 2007 « Comme un Manouche sans guitare » © Podis

---

1 **faire le plein d'essence** mit Benzin volltanken
3 **faire la gueule** *fam* montrer qu'on n'est pas content
6 **aigri, e** agressif
7 **être pressé, e** es eilig haben
15 **une arche** *ici* : Arche (von Noah)
16 **Delanoë, Bertrand** maire de Paris depuis 2001
18 **se barrer** *fam* partir
19 **le plaqué or** Goldplattierung
21 **l'or** *m* Gold (*ici* : jeu sur les mots *or* et *heure*)
23 **étouffer** ersticken
24 **le souffle** Atem
25 **pâle** bleich
26 **un pouf** Sitzkissen
32 **John** John Lennon
34 **le périph** le boulevard périphérique
35 **un pauvre °hère** armer Teufel
38 **un paria** Ausgestoßener
40 **le bout** la fin
42 **un titi** Pariser Straßenjunge
43 **un minet** jeune homme à la mode
44 **sous cloche** unter einer Glasglocke
45 **gavrocher** verbe qui n'existe pas : se révolter (allusion à un garçon révolutionnaire, Gavroche, dans *Les Misérables* de V. Hugo)
47 **Audiard, Michel** Drehbuchautor (1920-1985)
49 **çui** celui
49 **Hédiard** exklusive Feinkostladenkette
63 **faire le pari de** eine Wette um etw. abschließen

Autour du texte

1. Exposez ce que le narrateur n'aime pas à Paris ?
2. Étudiez de plus près les changements de la capitale qu'il n'accepte pas.
3. Expliquez pourquoi il ne quitte pas définitivement Paris.

Au-delà du texte

1. En comparant cette chanson de Thomas Dutronc avec *Il est cinq heures* (Fiche 1.1) dites où et comment Thomas fait allusion aux vers de son père.
2. En groupes de trois, imaginez une discussion entre le narrateur, quelqu'un qui a quitté la capitale et qui vit aujourd'hui heureux à la campagne et un minet très content des changements de Paris.

Fiche 3.1

3 Paris et les Parisiens

Manau, *Fest-Noz de Paname* ▲

Avant l'écoute

1. Travaillez sur la carte de France (Fiche 3.2).
   a. Complétez la carte par les noms des régions qui manquent.
   b. En groupe de deux ou trois, choisissez une des région que vous venez d'ajouter à la carte et préparez une sorte de petite fiche de données *(Datenblatt)* avec les informations les plus importantes. Informez ensuite la classe à l'aide de transparents pour le rétroprojecteur (OHP) ou de diapos de PowerPoint.

2. Informez-vous sur le *fest-noz* et dites ce qui en est typique.
   Online-Link : 597086-004

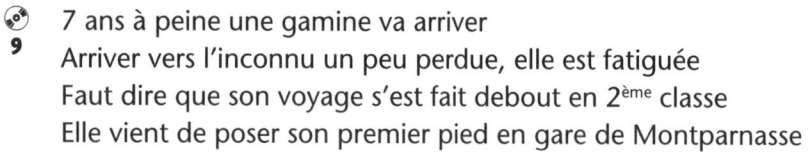

```
    7 ans à peine une gamine va arriver
 9  Arriver vers l'inconnu un peu perdue, elle est fatiguée
    Faut dire que son voyage s'est fait debout en 2ème classe
    Elle vient de poser son premier pied en gare de Montparnasse
 5  Des souvenirs d'époque, des gens qui ont bougé
    Souvenir des plus anciens qui n'ont sûrement pas oublié
    En 45, hé ouais ! mon gars c'était ainsi
    Malheureusement après la guerre le travail était à Paris
    Il y a eu des Basques, des Auvergnats et puis des Corses
10  Des gens de l'Est ou l'Ouest, du Sud, du Nord qui ont trouvé la force
    De venir, de monter jusqu'à la capitale
    Comme beaucoup de Bretons venus chercher un idéal
    De vie, un challenge à relever
    Rien n'était écrit lorsque tous ces gens sont arrivés
15  Et pourtant, toujours la tête haute et fière
    Inventant le son de tous ces quartiers populaires

    Refrain (bis)
    Un son de fest-noz qui vient de Paname
    Un son qui sent bon le métro, le pavé et le macadam
20  Un son qui me parle plein de vague à l'âme
    Un peu loin d' la Bretagne
    Mais ça ne l'empêche pas d'avoir du charme

    15 ans après et tout le monde veut s'amuser
    S'amuser dans tous les bals, s'éclater dans les beaux quartiers
25  Les filles mettaient des jupes et les mecs des blousons noirs
    Avant que les bals débutent fin de semaine, vendredi soir
    Imaginez l'affaire, nos pères et nos grands-pères
    Avec une banane remplie de gel histoire qu'elle tienne en l'air
    J'veux pas critiquer, non non, je ne veux pas chambrer
30  À chaque époque sa mode, c'est vrai que celle-là me fait marrer
    Il y avait aussi les plus caïds, les plus costauds
    Qu'allaient foutre la merde dans toutes les soirées, tous les bals à Jo
    Ça se cognait sec du côté des quais de Seine
```

Paname *fam* Paris
1 **à peine** kaum
1 **une gamine** une petite fille
3 **debout** ≠ assis
7 **en 45** en 1945
7 **un gars** *fam* garçon
13 **un challenge** Herausforderung
13 **relever** *ici* : auf sich nehmen
16 **le son** Klang, Ton
19 **le pavé** Pflasterstein ; Straßenpflaster
19 **le macadam** sorte d'asphalte
20 **le vague à l'âme** la mélancolie
22 **empêcher** verhindern
24 **s'éclater** *fam* s'amuser (die Sau rauslassen)
28 **la banane** *ici : Frisur der Zeit des Rock'n Roll*
28 **le gel** Haargel
28 **histoire que** *fam* pour que
29 **chambrer** *fam* se moquer
31 **un caïd** *fam etwa* : Obermacker
31 **costaud** *fam* fort, robuste
32 **foutre la merde** *vulg* Scheiß machen
32 **Bal à Jo** *ein berühmtes Tanzcafe in Paris*
33 **se cogner sec** sich kräftig prügeln

Paris et les Parisiens

Fiche 3.1

À coups de pieds et à coups de poings, ça se finissait même
35 à coups de chaînes
Mais malgré ça, tout le monde était collé-serré
Les mains sur les hanches ou bien les fesses
On appelait ça « guincher »
Et l'orchestre jouait jusqu'au petit matin
40 Reprenant toutes les chansons
Chantant tous ces refrains

Refrain

Fest-noz de Paname, de la Tour Eiffel à Notre-Dame
Fest-noz pour ces dames sur le trottoir, le cœur en larmes
45 Les années sont passées comme le métropolitain
Et rien n'a changé à part les murs avec le papier peint
Mais certains vieux ont toujours des difficultés
Difficile de s'intégrer pour les piliers d'communautés
Avoir la terre natale qui coule dans les veines
50 Et voir la mer en carte postale, c'est sûr que ça leur fait de la peine
Mais non, non, il n'y a toujours pas de chagrin
Comme les vieux 45 tours, ça fait « Je ne regrette rien »
Non moi non plus j'regrette rien et j'le signe
Remerciant tous ces anciens d'apporter ces racines.

55 *Refrain*

« Fest Noz de Paname » Musik & Text: Martial Christian Tricoche, Cédric Henri Guillaume Soubiron, Laurent Meliz
© Universal Music Publishing MGB France SAS, Musik-Edition Discoton GmbH (Universal Music Publishing Group)

34 **le poing** Faust
35 **une chaîne** Kette
36 **collé-serré** *fam:* eng zusammen
37 **une °hanche** Hüfte
37 **les fesses** *fpl fam* Hintern
38 **guincher** *fam* danser
40 **reprendre** *ici :* répéter
44 **le trottoir** la rue
46 **à part** sauf
46 **le papier peint** Tapete
48 **un pilier** Stütze, Pfeiler
48 **une communauté** Gemeinschaft, Gemeinwesen
49 **natal, e** heimatlich-
49 **une veine** Vene, Ader
50 **faire de la peine à qn** rendre qn triste
52 **un 45 tours** *Singleschallplatte mit 45 Umdrehungen in der Minute*
52 **« Je ne regrette rien »** *chanson célèbre d'Edith Piaf*

Après l'écoute

1. Caractérisez la chanson de Manau. Dites si, pour vous, elle est plutôt triste et mélancolique ou gaie et pleine d'espoir. Justifiez vos impressions.
2. À votre avis à quel style de musique appartient-elle ?
   C'est (plutôt) du… / de la… / On retrouve dans cette chanson des éléments de…

musique classique *f*	(musique) soul	musique électronique	rock *m*	hip-hop *m*
(musique) pop	techno *f*	musique punk	reggae / ragga *m*	blues *m*
(chanson de) variété *f*	salsa *f*	musique du monde	rap *m*	funk *m*

Autour du texte

1. Donnez un titre à chaque couplet.
2. Exposez ce qui caractérise :   a. l'après-guerre   b. les années 1960
3. Dégagez l'importance de la musique pour les nouveaux venus.
4. Analysez les trois couplets et dites ce que le narrateur juge positif et ce qu'il critique.
5. Expliquez le vers suivant : « Et voir la mer en carte postale, c'est sûr que ça leur fait de la peine » (l. 50).

Au-delà du texte

Aujourd'hui, de plus en plus de gens venus d'Asie, d'Afrique ou d'Amérique latine arrivent en France ou en Allemagne parce qu'ils ne voient pas de possibilité de survivre dans leur pays natal. Ils espèrent trouver du travail en Europe. Que faire pour leur faciliter ce changement de pays, de culture, de traditions ? Travaillez en petits groupes, présentez votre point de vue et discutez-en.

Carte des régions françaises (France métropolitaine)

Écrivez les noms des régions qui manquent (ici dans l'ordre alphabétique) :

Alsace – Auvergne – Bourgogne – Bretagne – Corse – Haute-Normandie – Ile-de-France – Languedoc-Roussillon – Lorraine – Provence-Alpes-Côte d'Azur

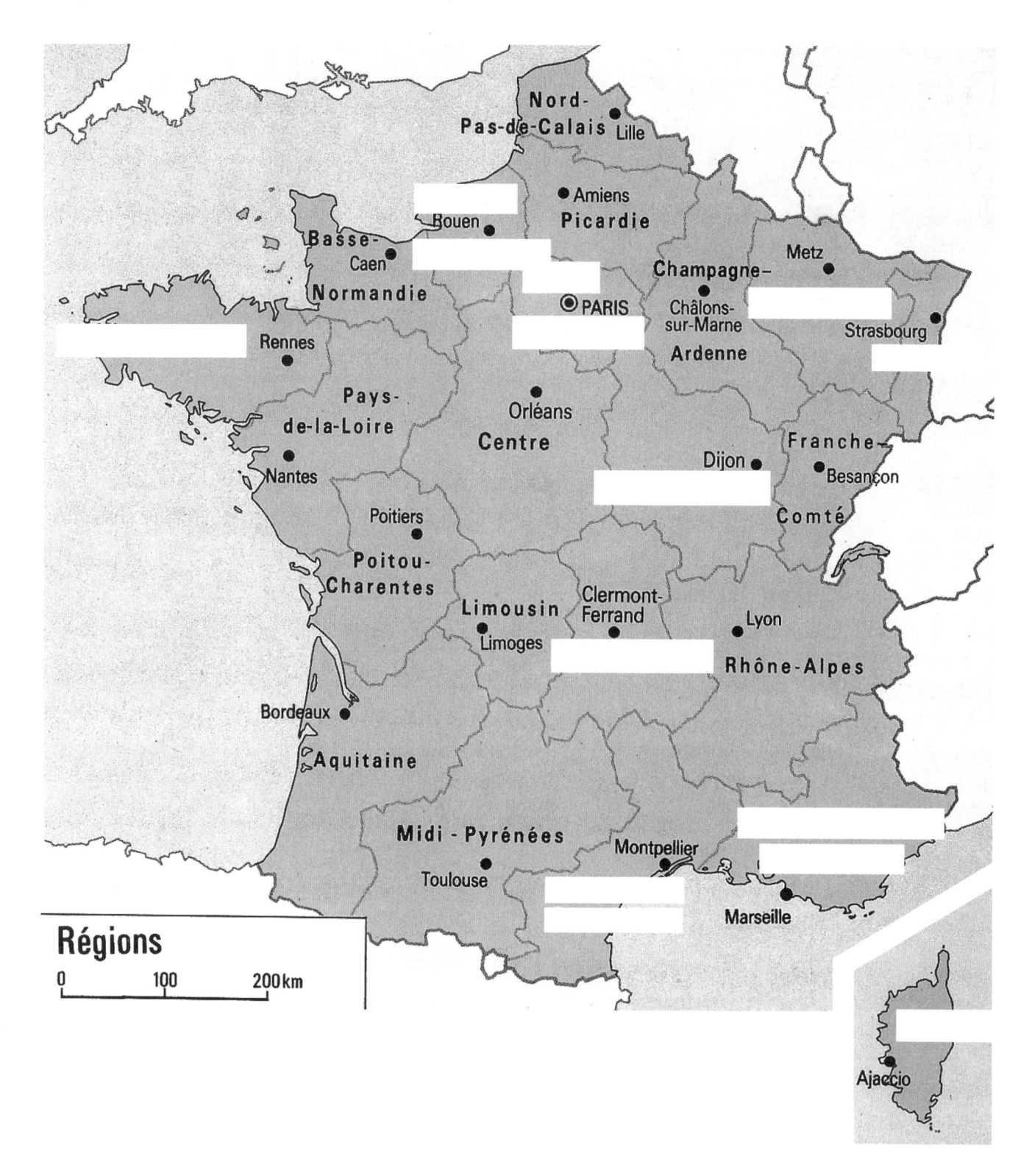

a. « Paris : Un million de Bretons de cœur »

La Bretagne va envahir Paris – tout à fait pacifiquement ! – du 20 au 23 septembre prochains, pour la Breizh Touch. Des chalutiers sur la Seine, des centaines de binious sur les Champs-Élysées, de la high-tech à Montparnasse : tradition et innovation, « l'esprit de Bretagne » va régner sur la capitale. On compte près d'un million de Bretons à Paris et dans la région Ile-de-France. Qui sont-ils ? Fonctionnent-ils en réseaux ? Coup de projecteur sur la communauté bretonne.

Ils sont près d'un million, Bretons de naissance ou d'adoption, à vivre à Paris ou dans la région Ile-de-France. Ce qui en fait le sixième département breton ! La Bretagne au cœur, ils se disent attachés à leur région. Si les fonctionnaires, les employés restent majoritaires, on compte aujourd'hui plus de cadres. Qui sont ces Bretons ? État des lieux.

Le Breton « ringard » c'est bien fini.

« Paris est une ville bretonne ! » Qui le dit haut et fort ? Son maire, Bertrand Delanoë. C'était juste avant l'été, alors qu'il présentait, sous les ors de l'Hôtel de Ville, la Breizh Touch. Si le locataire de l'Élysée « se fout des Bretons », ce n'est pas le cas du maire de Paris, ni du président de Région, Jean-Paul Huchon. C'est qu'ils sont près d'un million sur « leurs terres ». Alors, l'âme bretonne ne laisse pas indifférent et c'en est bien fini du temps de Bécassine et du Breton estampillé « ringard ». Les Bretons sont arrivés par vagues. Ils ont quitté leur terre et leur mer et ont débarqué par le fer à Paris à la fin du XIXe siècle. Ils ont pris le train pour la capitale, un chemin de fer construit pour desservir les arsenaux de Brest et Lorient. Ils arrivent alors en masse à « Paname ». Il fallait bien manger... La Bretagne devient alors un réservoir de main-d'oeuvre, réputée dure à la tâche et peu coûteuse ; Paris et sa banlieue avaient besoin de bras. Les Bretons se posent vers Montparnasse ; ses petits bistrots, ses petites bonnes bretonnes ne sont pas qu'une image d'Épinal. Ils s'installent à Saint-Denis, à Meudon, à Poissy. Une autre vague de Bretons émigre dans les années 50 et 60. Cette fois, on a besoin de main-d'oeuvre plus qualifiée, plus diplômée. Les Bretons investissent la fonction publique ; ils sont légion dans les hôpitaux, la police, la SNCF, la RATP ou La Poste, pas forcément ravis d'avoir quitté le pays. Ils se retrouvent dans des bagadoù, des associations.

Un tabac à l'Olympia.

Les années 70 seront celles du renouveau de la musique bretonne. En 1972, Alan Stivell fait un tabac à l'Olympia ! La culture fait lien. [...] Une chose est sûre : les Bretons de Paris existent. Ils sont attachés à leur région et n'ont plus honte de le dire.
[...]

Extrait de l'article « Paris : un million de Bretons de cœur », *Le Télégramme*, 16.09.2007

---

1 **envahir** occuper – 3 **la Breizh Touch** *grande fête bretonne à Paris* – 3 **un chalutier** bateau de pêche – 4 **le biniou** *bretonischer Dudelsack* – 9 **en réseaux** vernetzt – 11 **un Breton d'adoption** Wahlbretone – 15 **un fonctionnaire** Beamter – 15 **un employé** Angestellter – 16 **majoritaire** in der Mehrheit – 16 **un cadre** leitender Angestellter – 17 **un état des lieux** *etwa*: Bestandsaufnahme – 18 **ringard, e** *fam* unfähig, mittelmäßig, unmodern – 12 **un locataire** Mieter (le locataire de l'Élysée est le Président de la République) – 26 **l'âme** *f* Seele – 26 **indifférent, e** gleichgültig – 27 **Bécassine** *personnage de bande dessinée représentant une jeune Bretonne naïve et un peu bête* – 28 **estampiller** mit einem Stempel versehen – 29 **la vague** Welle – 30 **débarquer** *ici* : arriver – 30 **par le fer** en train – 32 **desservir** anfahren – 32 **un arsenal** Marinewerft – 35 **la main-d'œuvre** Arbeitskraft – 35 **réputé, e** den Ruf haben – 35 **dur, e à la tâche** ausdauernd – 36 **coûteux, euse** → coûter – 38 **une bonne** Dienstmädchen – 39 **une image d'Épinal** un cliché – 43 **investir la fonction publique** den öffentlichen Dienst in Besitz nehmen – 44 **être légion** *f* être nombreux – 45 **forcément** nécessairement – 45 **ravi, e** heureux – 46 **des bagadoù** *plur de* un bagad : groupe de musique breton – 47 **une association** Verein – 48 **un tabac** *ici* : un grand succès – 48 **l'Olympia** *une salle de concert à Paris* – 49 **le renouveau** la renaissance

b. La Breizh Touch

La Breizh Touch est un événement unique qui présentera un panorama de la Bretagne d'aujourd'hui dans des domaines aussi divers que la mer (pêche, aquaculture, nautisme, recherche et innovation...), la gastronomie,
5 le tourisme, les nouvelles technologies, la musique... Au programme de cette manifestation inédite : une présentation des atouts de la Bretagne sur le thème de la mer sur les quais de Seine, un grand festival regroupant huit des plus grands festivals bretons (Transmusicales,
10 Vieilles Charrues, Tombées de la Nuit...), une exposition sur la Bretagne numérique, un cyber fest-noz... et pour terminer en beauté : une parade de 3 000 musiciens et danseurs traditionnels sur les Champs-Elysées.

http://www.bretagne-innovation.tm.fr/innover/evenement/fiche.php?agenda_id=601

3 **l'aquaculture** f Meereswirtschaft – 4 **le nautisme** Wassersport – 6 **inédit, e** nouveau – 7 **un atout** Trumpf – 8 **regrouper** zusammenfassen – 10 **une charrue** Pflug – 11 **numérique** digital

Poster : Lola Duval

Autour des textes

1. Décrivez l'affiche officielle de la Breizh Touch.
2. Expliquez comment les créateurs ont visualisé le rapport entre la Bretagne et Paris ainsi qu'entre Bretagne traditionnelle et Bretagne moderne.
3. Dans l'article du *Télégramme*, qu'est-ce qu'on apprend sur l'importance des Bretons pour Paris ?
4. Examinez pourquoi les Bretons avaient autrefois honte d'affirmer leur identité.
5. Expliquez la phrase : « La Bretagne au cœur, ils se disent attachés à leur région. » (l. 14)
6. Caractérisez le style de l'article du *Télégramme* : Présente-t-il les Bretons d'un œil plutôt critique ou plutôt favorable ?

Au-delà des textes

Imaginez que votre ville, village, région ait l'intention de se présenter pour attirer plus d'attention. En petits groupes, créez un dépliant informant sur ses atouts *(Trümpfe)*, ses particularités et des manifestations culturelles intéressantes que vous aimeriez bien organiser pour cet événement. N'oubliez pas d'intégrer des illustrations (photos, dessins, collages, etc.).

Paris et les Parisiens

Pjerpoljak, *Né dans les rues de Paris* ▲

Avant l'écoute

Quelles hypothèses sur la jeunesse du narrateur faites-vous après avoir lu le titre de la chanson ?

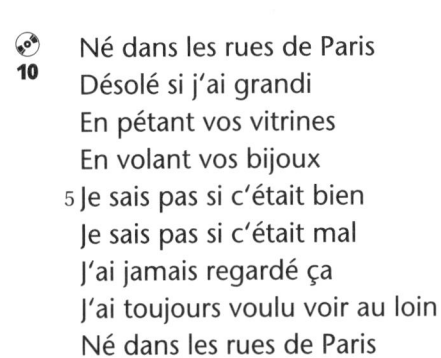

Né dans les rues de Paris
Désolé si j'ai grandi
En pétant vos vitrines
En volant vos bijoux
5 Je sais pas si c'était bien
Je sais pas si c'était mal
J'ai jamais regardé ça
J'ai toujours voulu voir au loin
Né dans les rues de Paris
10 Désolé si j'ai grandi
À l'ombre de vos lumières
Pour moi jamais elles ne s'éclairent

Pour moi c'est pas passé très loin des fois
Je me demande comment je suis là
15 Derrière la vitre du taxi je vous vois
Né dans les rues de Paris
Désolé si j'ai grandi
Autour du périphérique
On a la vue et la fumée
20 Né dans les rues de Paris
Désolé si j'ai grandi
À l'ombre de vos lumières
Pour moi jamais elles ne s'éclairent

Né dans les rues de Paris
25 Désolé si j'ai grandi
En pétant vos vitrines
En volant vos bijoux aussi
Je sais pas si c'était mal
Je sais pas si c'était bien
30 J'ai jamais regardé ça
J'ai toujours voulu voir au loin

© Amboss Film + Musik, Hamburg

Né dans les rues de Paris
Désolé si j'ai grandi
En guerre avec la Reuteupeu
35 En guerre avec la Seuneuceufeu

Né dans les rues de Paris
Désolé si j'ai grandi
À l'ombre de vos lumières
Pour moi jamais elles ne s'éclairent

40 Né dans les rues de Paris
Désolé si j'ai grandi
Sans père et sans repères
Maman m'a tout appris

Né dans les rues de Paris
45 Désolé si j'ai grandi
En volant vos appartements
Je m'en repens maintenant

Né dans les rues de Paris
Désolé si j'ai grandi
50 À la dure comme on dit

Né dans les rues de Paris

---

2 **désolé, e** untröstlich, tief betrübt – 3 **péter** *fam* casser – 4 **les bijoux** *mpl* Schmuck – 8 **au loin** in die Ferne – 12 **s'éclairer** hell werden – 13 **c'est pas passé très loin** es war knapp – 13 **des fois** parfois – 15 **la vitre** Autofenster – 18 **le périphérique** le boulevard périphérique qui sépare Paris de la banlieue – 19 **la fumée** → fumer – 34 **la Reuteupeu** *fam* la RATP (Pariser Verkehrsbetrieb) – 35 **la Seuneuceufeu** *fam* la SNCF (Französische Staatsbahn) – 43 **un repère** Orientierung – 47 **se repentir de qc** etw. bereuen – 49-50 **grandir à la dure** *ici* : grandir dans des conditions difficiles

Fiche 3.4

Paris et les Parisiens

Autour du texte

1. Expliquez si vos hypothèses sur la jeunesse du narrateur ont été confirmées après lecture de la chanson.
2. Résumez ce qu'on apprend sur la jeunesse du narrateur.
3. Analysez la relation du narrateur avec Paris.
4. Comment comprenez-vous le vers : « J'ai toujours voulu voir au loin » qui est plusieurs fois répété ?

Au-delà du texte

Un jeune homme / une jeune femme qui a grandi à Paris écoute la chanson et décide de s'adresser au chanteur
- soit en lui envoyant sa chanson – alors c'est à vous de créer une telle chanson peut-être d'après le modèle de « Né dans les rues de Paris »,
- soit en lui écrivant une lettre – dans ce cas-là, c'est à vous de rédiger cette lettre.

Paris et les Parisiens

Fiche 3.5

Activité linguistique: Quelques prépositions (1)

Traduisez en français. En cas de problèmes, consultez votre grammaire ou votre dictionnaire.

an/am	Anfang/Ende	
	ersten Juni	
	Morgen	
auf	der Insel	
	Korsika	
	der Erde (schlafen)	
	der Welt/Erde	
	der Schule/Universität	
	diese Art, Weise	
	Bestellung/Wunsch	
	der Straße	
	dem Hof	
	der Treppe	
	dem Weg (unterwegs)	
	Französisch	
in/im	Paris	
	Frankreich (feminine Ländernamen)	
	Brasilien (maskuline Ländernamen)	
	den USA	
	der Straße X wohnen	
	unserer Gegend	
	meinen Augen	
	freundlichem Ton	

© Ernst Klett Sprachen GmbH, Stuttgart 2009. Alle Rechte vorbehalten. Vervielfältigung zu Unterrichtszwecken gestattet.
Paris sera toujours Paris, Paris en chansons ISBN 978-3-12-597086-1

Paris et les Parisiens

a. « Paris-banlieue : *Je t'aime, moi non plus* »

De difficiles relations entre Paris et la banlieue.

[...] Paris est un cas unique, car aucune autre ville de cette dimension n'est fermée par un périmètre aussi précis et qui se repère aussi facilement par des réseaux et des densités. On sait tout de suite si on est à Paris ou pas. La rupture physique est claire. La densité de Paris pose problème : 2,1 millions d'habitants sur 105 km². Tout l'espace est occupé, ce qui aboutit à une paralysie de la ville, et aucune solution ne semble possible.

Les relations de Paris à sa banlieue sont anciennes et très négatives, car elles sont fondées sur des relations de dominations ou de ruptures. [...]

Au niveau humain, les relations sont multiples. Un million de banlieusards travaillent à Paris contre 300 000 Parisiens en banlieue. Les grandes surfaces, interdites dans Paris *intra-muros*, obligent les Parisiens à aller en banlieue ou le long du périphérique qui concentre une vingtaine d'hypermarchés. Pour la culture, nombre de théâtres de banlieue sont fréquentés par des Parisiens, alors que les cinémas des Halles ou des Champs-Elysées accueillent de nombreux banlieusards. [...]

Les problèmes de Paris sont nombreux. La ville étouffe dans un territoire trop petit, totalement occupé et de surcroît protégé par des mesures réglementaires de type « monument historique ». Les seuls terrains encore urbanisables se situent au-dessus des voies ferrées ou du périphérique. Se pose alors la question du logement : sur les 300 000 demandeurs régionaux, un tiers sont à Paris. [...]

Au niveau social, Paris est perçue comme une ville riche et privilégiée, alors qu'elle concentre plus de contrastes sociaux, de pauvreté et de chômage que la banlieue, surtout aux portes nord de la capitale (Portes de la Chapelle, de Saint-Denis). [...]

En conséquence, Paris et sa banlieue s'opposent et se concurrencent par manque d'organes de régulation. [...] Depuis trois ans, la Mairie de Paris a essayé de nouer de nouvelles relations avec sa banlieue. [...] De nouveaux projets voient le jour, dont un concours d'urbanisme visant le périphérique, qui a été rebaptisé « l'anneau central ». Le « périph » est devenu un alignement d'activités économiques le plus puissant de la région, où nombre d'entreprises viennent s'installer pour bénéficier d'une adresse postale parisienne.

Extraits de l'article d'Alexandra Moust rapportant les propos de Simon Ronai et publié sur www.cafe-geo.net, 03.06.2004; © Les Cafés géographiques Association, Paris

---

Je t'aime, moi non plus titre d'une chanson de Serge Gainsbourg
3 **un périmètre** une zone
3 **se repérer** *ici* : se distinguer
4 **la densité** Dichte
5 **la rupture** Bruch *ici* : le contraste
6 **aboutir à** mener à
6 **la paralysie** Lähmung
9 **la domination** Herrschaft
10 **multiple** vielfältig
11 **une grande surface** un hypermarché
12 **intra muros** *lat* à l'intérieur de la ville (à Paris : à l'intérieur du périphérique)
13 **le long de** entlang
14 **fréquenter un lieu** y aller souvent
15 **accueillir qn** → l'accueil *m*
17 **étouffer** ersticken
17 **un territoire** Gebiet
18 **de surcroît** en plus
18 **protéger** schützen
18 **réglementaire** vorschriftsmäßig
19 **urbanisable** städtebaulich nutzbar
20 **la voie ferrée** Bahngleis
22 **percevoir** wahrnehmen
23 **concentrer** bündeln
26 **se concurrencer** sich Konkurrenz machen
28 **nouer** former
29 **l'urbanisme** *m* Städtebau
29 **viser qc** concerner
30 **rebaptiser** umbenennen
30 **un anneau** Ring
30 **un alignement** Reihe
32 **bénéficier de** profiter de

Autour du texte

1. Résumez le texte.

2. Étudiez de plus près comment l'auteur caractérise Paris, la banlieue et leurs relations difficiles. Dans ce contexte, expliquez comment vous comprenez le titre du texte.

Au-delà du texte

L'auteur est d'avis que le territoire de la ville de Paris est « de surcroît protégé par des mesures réglementaires de type « monument historique ». Discutez si, pour vous, la solution aux nombreux problèmes de Paris pourrait consister dans la démolition (*Abriss*) d'anciens bâtiments et la construction d'immeubles modernes avec plus d'appartements pour y loger plus de gens.

Paris et les Parisiens

b. « Banlieues françaises : Il est temps de faire tomber le mur de Paris ! »

Supprimer la banlieue en étendant Paris à sa petite couronne (passant ainsi de 20 à 40 arrondissements et ajoutant 2 millions de Parisiens à la ville) et en enterrant le périphérique, soit faire tomber le « mur de Paris ».

5 Les banlieues sont bien entendu partout en France. Chaque grande ville a sa couronne de faubourgs, comme on les appelait autrefois. Et depuis une trentaine d'années, nombre de ces banlieues incluent des quartiers qui se sont transformés en ghettos, où la France a entassé un grand nombre d'immigrés et leurs enfants.

10 Parallèlement, conscients du caractère explosif croissant de ces zones de sous-citoyenneté, dépourvues du minimum de services publics (éducation, santé, culture, sport...) disponibles aux autres Français, et rongées par un chômage massif, les élites françaises et l'État ont alternativement utilisé la charité et le « politiquement correct » (les
15 socialistes), ou bien la force (l'UMP) pour acheter/imposer un calme relatif des banlieues.

Aucun projet de long terme, mobilisant le pays lui-même face à un problème structurel mettant en danger le tissu social français, n'a jamais été développé, et encore moins mis en œuvre. Pourtant, comme
20 tout en France commence et finit à Paris (pour le pire comme pour le meilleur), on peut imaginer un projet fort, qui permette de résoudre le problème durablement : *supprimer la banlieue en étendant Paris à sa petite couronne (passant ainsi de 20 à 40 arrondissements et ajoutant 2 millions de Parisiens à la ville) et en enterrant le périphérique et les*
25 *principales entrées d'autoroutes dans la capitale, c'est-à-dire faire tomber le « mur de Paris »* qui, à lui seul, incarne le fossé entre les deux mondes du centre-ville et de la périphérie. [...]

Les Allemands et les Berlinois ont su faire en quinze ans de leur ville divisée et meurtrie une des plus modernes et agréables capitales
30 d'Europe. J'ose croire que les Français et les Parisiens seront assez audacieux et compétents pour faire « tomber leur mur » périphérique et affronter directement le défi de bâtir une capitale du XXIe siècle, au lieu d'entretenir une relique du XIXe.

Extraits de l'article de Franck Biancheri publié sur www.agoravox.fr le 21.11.2005

---

1 **supprimer** faire disparaître
1 **étendre qc à** etw erweitern um
1 **la petite couronne** *ici* : innerer Gürtel von Départements um Paris
3 **enterrer** *ici* : faire disparaître
3 **soit** *ici* : c'est à dire
7 **nombre de** beaucoup de
7 **inclure** einschließen
8 **se transformer** changer
8 **entasser** zusammenpferchen
10 **conscient** bewusst
11 **la sous-citoyenneté** eingeschränkte Staatsbürgerschaft
11 **dépourvu, e de** sans
12 **disponible** verfügbar
13 **ronger** *ici* : quälen, plagen
14 **la charité** l'amour de son prochain
15 **imposer** aufzwingen
17 **face à** angesichts
18 **le tissu social** soziales Netz
21 **résoudre** lösen
22 **durablement** → durer
26 **incarner** représenter
26 **un fossé** Graben
29 **meurtrir** *ici* : blesser
31 **audacieux, ieuse.** courageux
32 **affronter** die Stirn bieten
32 **le défi** Herausforderung
32 **bâtir** construire
32 **au lieu de** statt
33 **entretenir** garder
33 **une relique** Überbleibsel

Autour du texte

1. Présentez la solution que l'auteur du texte propose aux problèmes de Paris et de sa banlieue.
2. Dégagez la position critique de l'auteur.
3. Discussion : Étudiez l'image de « mur » pour le boulevard périphérique. Dites si elle vous paraît bien choisie.
4. Commentez la comparaison de la situation à Paris avec celle à Berlin après la chute du Mur.

Paris et les Parisiens

Paris et sa banlieue

Recherche sur Internet Online-Link : 597086-005

1. Écrivez les chiffres des arrondissements parisiens qui manquent sur la carte. Quelle forme a ce découpage (Anordnung) en arrondissements ? Donnez des informations sur l'histoire de ce découpage.
2. Que sont la petite et la grande couronne de Paris ?

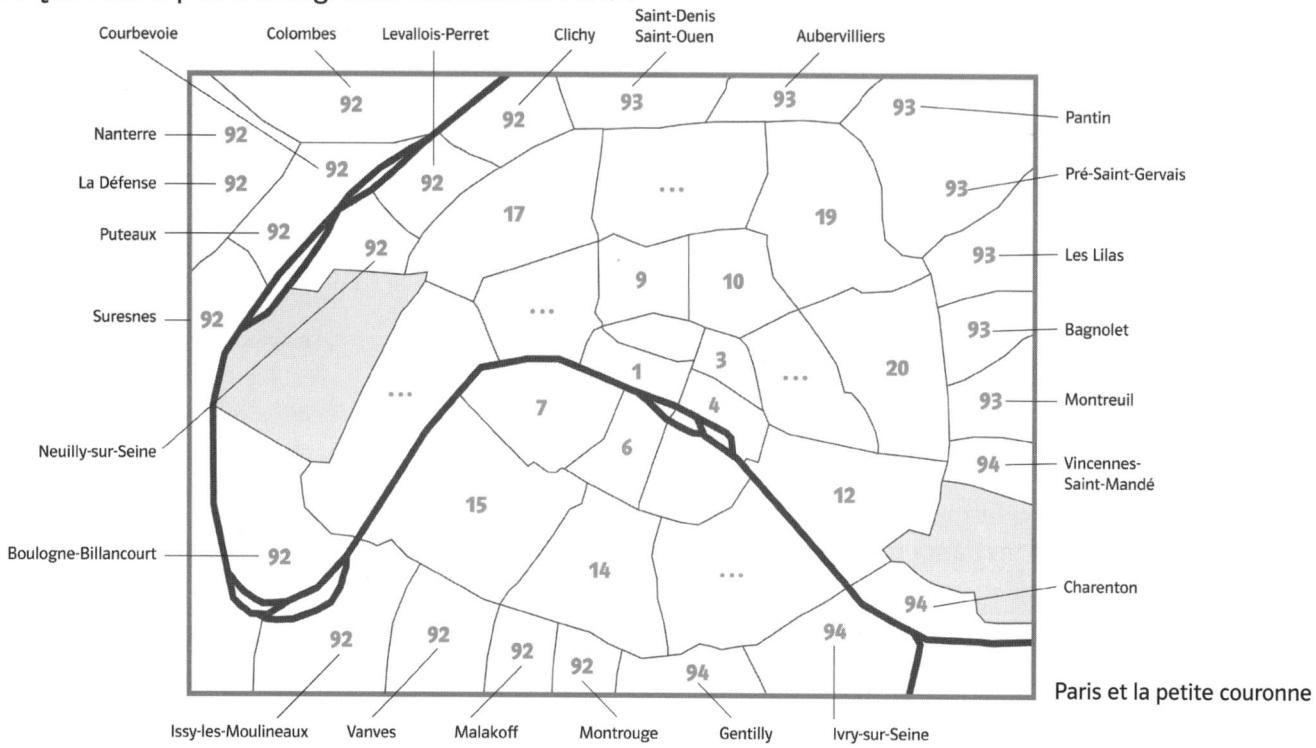

Paris et la petite couronne

3. Répondez au quiz et trouvez le nom de communes de la petite couronne.

1. Au seuil de la mort, l'écrivain Henry Miller se souvient de sa vie parisienne pendant les années folles. Complétez le titre du roman avec le nom de cette commune.	1. *Jours tranquilles à* _____
2. C'est aujourd'hui un grand quartier d'affaires où a été construite la Grande Arche.	2. _____
3. En 1924, le stade olympique Yves-du-Manoir, le premier stade de France, a été construit dans cette commune.	3. _____
4. L'université Paris-10 se trouve dans cette commune.	4. _____
5. « La petite Prusse » était un quartier situé à la fois à Pantin et dans cette commune. Elle était appelée ainsi parce que ses habitants venaient du Nord et de l'Est de la France et parlaient des dialectes aux accents germaniques.	5. _____
6. Les habitants de cette commune s'appellent les Gervaisiens.	6. _____
7. Dans cette commune située au sud-est de Paris, il y a un château célèbre et un grand zoo.	7. _____
8. Robert Doisneau y est né en 1912. La Maison de la Photographie Robert-Doisneau y a été fondée en 1992.	8. _____
9. Dans cette commune, il y a un célèbre « marché aux puces ».	9. _____

Paris et les Parisiens

Fiche 3.8

Charles Aznavour, *La bohème* ▲

Avant l'écoute

1. Qu'associez-vous à Montmartre ?

2. Travaillez en petits groupes. Sur Internet cherchez des photos qui illustrent l'idée que vous vous faites de Montmartre et collez-les pour en faire une affiche. Ajoutez des informations qui expliquent ce qu'on voit sur les collages. Online-Link : 597086-006

11
Je vous parle d'un temps
Que les moins de vingt ans
Ne peuvent pas connaître
Montmartre en ce temps-là
5 Accrochait ses lilas
Jusque sous nos fenêtres
Et si l'humble garni
Qui nous servait de nid
Ne payait pas de mine
10 C'est là qu'on s'est connu
Moi qui criait famine
Et toi qui posais nue

La bohème, la bohème
Ça voulait dire on est heureux
15 La bohème, la bohème
Nous ne mangions qu'un jour sur deux

Dans les cafés voisins
Nous étions quelques-uns
Qui attendions la gloire
20 Et bien que miséreux
Avec le ventre creux
Nous ne cessions d'y croire
Et quand quelque bistro
Contre un bon repas chaud
25 Nous prenait une toile
Nous récitions des vers
Groupés autour du poêle
En oubliant l'hiver

La bohème, la bohème
30 Ça voulait dire tu es jolie
La bohème, la bohème
Et nous avions tous du génie

Souvent il m'arrivait
Devant mon chevalet
35 De passer des nuits blanches
Retouchant le dessin
De la ligne d'un sein
Du galbe d'une hanche
Et ce n'est qu'au matin
40 Qu'on s'asseyait enfin
Devant un café-crème
Epuisés mais ravis
Fallait-il que l'on s'aime
Et qu'on aime la vie

45 La bohème, la bohème
Ça voulait dire on a vingt ans
La bohème, la bohème
Et nous vivions de l'air du temps

Quand au hasard des jours
50 Je m'en vais faire un tour
A mon ancienne adresse
Je ne reconnais plus
Ni les murs, ni les rues
Qui ont vu ma jeunesse
55 En haut d'un escalier
Je cherche l'atelier
Dont plus rien ne subsiste
Dans son nouveau décor
Montmartre semble triste
60 Et les lilas sont morts

La bohème, la bohème
On était jeunes, on était fous
La bohème, la bohème
Ça ne veut plus rien dire du tout

Paroles : Jacques Plante,
Musique : Charles Aznavour
© Copyright by Peermusic France
Für Deutschland: Peermusic/ Germany GmbH

---

la bohème la vie d'artiste – 5 **accrocher** festmachen, aufhängen – 5 **le lilas** Flieder – 7 **humble** *ici :* simple – 7 **un garni** une chambre meublée – 8 **un nid** Nest – 9 **ne pas payer de mine** avoir l'air très simple – 11 **crier famine** se plaindre de sa pauvreté – 19 **la gloire** le grand succès – 20 **miséreux, euse** pauvre – 21 **creux, creuse** vide – 22 **cesser de faire qc** arrêter de faire qc – 25 **une toile** un tableau, une peinture – 26 **réciter** vortragen – 27 **un poêle** Ofen – 34 **un chevalet** Staffelei – 36 **retoucher** überarbeiten – 37 **un sein** weibl Brust – 38 **le galbe** la forme – 38 **une hanche** Hüfte – 42 **épuisé, e** très fatigué – 42 **ravi** heureux – 50 **s'en aller** partir – 57 **subsister** rester – 58 **le décor** *ici :* Ausstattung ; Umgebung

Paris et les Parisiens

Après l'écoute

1. Quels instruments de musique sont utilisés dans la chanson ?
2. Caractérisez la mélodie, l'arrangement et l'interprétation du chanteur et dites quelle atmosphère se dégage de la chanson.

Autour du texte

1. Caractérisez le Montmartre de la chanson.
2. Résumez les informations que la chanson donne sur la jeunesse du narrateur.
3. Étudiez la vie quotidienne des jeunes chanteurs d'aujourd'hui.
4. Analysez le dernier couplet et comparez-le avec les deux premiers.

Au-delà du texte

1. Discutez. Dites s'il s'agit d'une chanson sur :
   – Montmartre,
   – la vie d'artiste,
   – le bonheur éphémère *(flüchtig)*,
   – la jeunesse fugitive *(kurz)*.
   – (…)
   Justifiez votre point de vue.
2. Informez-vous sur l'opéra de Puccini portant le même titre et parlez des correspondances et des différences avec la chanson.

Paris et les Parisiens

Fiche 3.1

Arthur Rimbaud, *Ma Bohème* ▲

Je m'en allais, les poings dans mes poches crevées ;
Mon paletot soudain devenait idéal ;
J'allais sous le ciel, Muse, et j'étais ton féal
Oh ! là là ! que d'amours splendides j'ai rêvées !
5 Mon unique culotte avait un large trou.
Petit-Poucet rêveur, j'égrenais dans ma course
Des rimes. Mon auberge était à la Grande-Ourse.
Mes étoiles au ciel avaient un doux frou-frou
Et je les écoutais, assis au bord des routes,
10 Ces bons soirs de septembre où je sentais des gouttes
De rosée à mon front, comme un vin de vigueur ;
Où, rimant au milieu des ombres fantastiques,
Comme des lyres, je tirais les élastiques
De mes souliers blessés, un pied près de mon cœur !

Arthur Rimbaud, « Ma Bohème », *Poésies*

1 **le poing** *ici :* la main
1 **crevé, e** avec des trous
2 **un paletot** un manteau court
3 **le féal** *litt* un fidèle compagnon
4 **les amours** *f poét* les aventures amoureuse
4 **splendide** très beau, magnifique
5 **une culotte** un short, *ici :* un pantalon
6 **le Petit-Poucet** personnage d'un conte *(Der kleine Däumling)*
6 **égrener** *ici :* murmeln
7 **la Grande-Ourse** der große Bär/Wagen
8 **le frou-frou** Rauschen
10 **une goutte de rosée** Tautropfen
11 **la vigueur** (Lebens)Kraft
13 **la lyre** Lyra, Leier
13 **un élastique** Gummi
14 **un soulier** *ici :* Stiefel

Autour du texte

1. Décrivez vos impressions à la lecture de ce poème.
2. Faites des recherches sur la vie du poète. Expliquez en quoi le titre et le contenu du poème conviennent à sa vie.

Fiche 3.10 — Paris et les Parisiens

Lexique pour décrire une image

1. Traduisez les mots et complétez le tableau 1.
2. Décrivez la photo. Utilisez le vocabulaire des tableaux 1 et 2.

1. Petit lexique de la peinture

Le/la peintre	*Maler,in*
Un chevalet	*Staffelei*
Un pinceau	*Pinsel*
La palette du peintre	....
Un tube de peinture	....
La peinture à l'huile / à l'eau	....
Une aquarelle	....
Un paysage	....
Une nature morte	....
La peinture figurative	....
La peinture abstraite	....
Une reproduction	....

2. Quelques expressions pour décrire une image

Le tableau La peinture La toile La photo	montre… illustre… représente… met en scène…
Au premier plan / au second plan / à l'arrière-plan, En haut à droite / à gauche, En bas à droite / à gauche, Sur le côté droit / gauche, au centre À côté de… / Derrière… / Devant… / Sur… / Sous…	on découvre… on voit… on reconnaît… on aperçoit… il y a… se trouve(nt)…
L'action représentée La scène	se passe à… (+ lieu) (+ temps) se déroule à…. (+ lieu) (+ temps)

Ce qui attire le regard / surprend / saute aux yeux, c'est (que)…
Ce qui est étonnant / curieux / extraordinaire / intéressant / bizarre, c'est (que)…

Il se dégage de cette image une atmosphère	sombre / gaie / mélancolique / calme / paisible / détendue / dynamique

Les couleurs sont vives / criardes / lumineuses / sombres / claires…

La lumière est directe / indirecte / naturelle / artificielle…

Le peintre L'artiste	établit / fait un rapport entre… et… donne une vue de… produit un effet de… sur le spectateur	sensibilise le spectateur à… met en évidence / en relief le fait que…

Paris et les Parisiens

Renaud, *Les bobos*

Avant l'écoute

a. Cherchez des informations sur les bobos. Online-Link : 597086-007
b. Recherchez des informations biographiques sur les personnages suivants :
 *Vincent Delerm, Houellebecq, Philippe Djian, Cioran, Alain Bashung,
 Françoise Hardy, Gérard Manset, Pierre Desproges, Guy Bedos,
 Jean-Marie Bigard, Jack Lang, Nicolas Sarkozy, Thierry Ardisson, Manu Chao*
c. Classez les personnes mentionnées dans b. d'après les catégories
 suivantes : la chanson, l'humour *m*, la littérature, la politique, la télé

On les appelle « bourgeois bohèmes »
Ou bien « bobos » pour les intimes
Dans les chansons d'Vincent Delerm
On les retrouve à chaque rime
5 Ils sont une nouvelle classe
Après les bourges et les prolos
Pas loin des beaufs, quoique plus classe
Je vais vous en dresser le tableau :
'Sont un peu artistes c'est déjà ça
10 Mais leur passion, c'est leur boulot
Dans l'informatique, les médias
'Sont fiers d'payer beaucoup d'impôts

Les bobos, les bobos
Les bobos, les bobos

15 Ils vivent dans les beaux quartiers
Ou en banlieue mais dans un loft
Atelier d'artiste branché,
Bien plus tendance que l'avenue Foch
Ont des enfants bien élevés,
20 Qui ont lu le Petit Prince à six ans
Qui vont dans des écoles privées
Privées de racaille, je me comprends
Ils fument un joint de temps en temps,
Font leurs courses dans les marchés bios
25 Roulent en 4x4, mais l'plus souvent,
Préfèrent s'déplacer à vélo

Les bobos, les bobos
Les bobos, les bobos

Ils lisent Houellebecq ou Philippe Djian, les *Inrocks* et *Télérama*,
30 Leur livre de chevet c'est Cioran
Près du catalogue Ikea.
Ils aiment les restos japonais et le cinéma coréen
Passent leurs vacances au Cap Ferret
La Côte d'Azur, franchement ça craint
35 Ils regardent surtout ARTE

2 **un intime** *ici :* un ami
6 **un bourge** *fam* bourgeois
6 **un prolo** *fam* un prolétaire
7 **un beauf** *fam* Spießer
7 **quoique** bien que
7 **classe** *ici :* chic
8 **dresser le tableau de** *ici :* donner une image de
12 **les impôts** *m* Steuern
16 **un loft** umgebaute Fabrikhalle
18 **tendance** *fam ici adj :* branché, à la mode
18 **l'avenue Foch** avenue très chic, et chère près de l'Arc de Triomphe
22 **priver qn de qc** jdm etw. entziehen
22 **la racaille** Pack, Gesindel
25 **un 4x4** [katkat(ʀ)] Auto mit Vierradantrieb
26 **se déplacer** bouger, changer de place
29 **les Inrocks** *un magazine culturel*
29 **Télérama** *un magazine culturel avec les programmes de télévision*
30 **un livre de chevet** livre préféré

Paris et les Parisiens

Canal plus, c'est pour les blaireaux
Sauf pour les matchs du PSG
Et d'temps en temps un p'tit porno

Les bobos, les bobos
40 Les bobos, les bobos

Ils écoutent sur leur chaîne Hifi
France-info toute la journée
Alain Bashung Françoise Hardy
Et forcément Gérard Manset
45 Ils aiment Desproges sans même savoir
Que Desproges les détestait
Bedos et Jean-Marie Bigard,
Même s'ils ont honte de l'avouer
Ils aiment Jack Lang et Sarkozy
50 Mais votent toujours « écolo »
Ils adorent le Maire de Paris,
Ardisson et son pote Marco

Les bobos, les bobos
Les bobos, les bobos

55 La femme se fringue chez Diesel
Lui, c'est Armani et Kenzo
Pour leur cachemire toujours nickel
Zadig & Voltaire je dis bravo
Ils fréquentent beaucoup les musées,
60 Les galeries d'art, les vieux bistrots
Boivent de la manzana glacée en écoutant Manu Chao
Ma plume est un peu assassine
Pour ces gens que je n'aime pas trop
Par certains côtés, j'imagine…
65 Que j'fais aussi partie du lot

Les bobos, les bobos
Les bobos, les bobos

36 **Canal plus** *une chaîne de télévision privée (comme Premiere en Allemagne)*
36 **un blaireau** *fam* une personne naïve, bête
37 **Paris Saint-Germain** un club de football parisien
41 **la chaîne Hifi** Hi-Fi-Anlage
42 **France-Info** radio d'information
44 **forcément** nécessairement
48 **avoir honte de faire qc** sich schämen, etw zu tun
50 **voter** wählen
50 **écolo** *fam* écologiste
55 **se fringuer** *fam* s'habiller
57 **nickel** *fam* rein, korrekt
58 **Zadig&Voltaire** une marque de vêtements de luxe
59 **fréquenter un lieu** y aller souvent
61 **la manzana** *span* liqueur de pommes
61 **glacé, e** → la glace
62 **la plume** *ici* : la manière d'écrire
62 **assassin, e** qui tue
64 **par certains côtés** d'une certaine façon, dans un sens
65 **le lot** *ici* : le groupe

Autour du texte

1. a. Recherchez dans la chanson de Renaud « les bobos » des informations sur ce groupe de personnes. Notez dans un tableau les résultats de vos recherches.

la vie professionnelle	la vie familiale et sociale	les activités *f* culturelles	l'engagement *m* politique

   b. Sur la base du tableau, faites le portrait de ce groupe social.
2. Analysez le caractère ambigu des bobos.
3. Montrez que dans le texte la plume de Renaud « est un peu assassine ».
4. Expliquez les deux derniers vers du dernier couplet (l. 64-65).

Paris et les Parisiens

« C'est quoi être bobo aujourd'hui ? »

Il lit Frédéric Beigbeder en franc ou en euro, s'habille chez GAP, mange bio, hait la mondialisation – tout en possédant un portefeuille d'actions boursières – et jongle avec les paradoxes comme avec son palm pilot : le bobo …

5 Bobo, c'est l'acronyme de « Bourgeois-Bohème », terminologie choisie par le journaliste américain David Brooks du New-York Times, afin de définir la génération montante « made in US ». Pourtant, difficile d'être à la fois « conservateur, conformiste, fermé à la littérature et aux arts » (définition de « bourgeois », dictionnaire Hachette) et dans le même
10 temps « mener une vie irrégulière et désordonnée » (définition de « bohème », dictionnaire Hachette) !
Mais c'est dans ce joyeux compromis que s'épanouit notre bobo.
Il est plaisant de remarquer que ce mot n'a pas de féminin. […]

Pratiquer le perfectionnisme pour des futilités

15 N'est pas bobo qui veut ! D'ailleurs, on ne naît pas bobo… on le devient ! […]
Par définition, le bobo ne fait jamais comme tout le monde : Il fustige la mode, mais file directement chez Gap ou Zara trouver le vêtement vrai-faux-chic et décalé qui lui permettra de se faire quand même
20 remarquer (il ne manquerait plus qu'il passe inaperçu !).
En vacances, ne cherchez pas le bobo dans les lieux branchés si peu originaux : Notre homme préfère retaper une vieille ferme dans le Poitou plutôt que de s'exposer aux flashs de la jet-set.
En être moderne, le bobo sait où il va mais plus d'où il vient… Il parle
25 écologie, trou de la couche d'ozone, ne porte que des matières naturelles tout en abusant dans le même temps de toutes les technologies de la Silicon Valley. D'ailleurs, il se surveille et veille à bien entretenir un certain flou concernant son art de vie. […]

Un animal paradoxal

30 Question idéologie, le bobo est très « open » : contre le racisme, pour le droit d'adoption par les couples homosexuels, pas macho… Toute nouvelle idée est bonne à prendre et à exploiter (Rappel : ne jamais faire comme tout le monde). Pour cela, il surfe des heures sur le net, persuadé de s'enrichir intellectuellement et de faire de bonnes affaires.
35 Quand il aura constaté que tout le monde « shoppe » sur Internet, il retournera dans la boutique du coin de la rue et prônera le retour des petits commerces si sympathiques et humains… […]

Le bobo est mort, vive le furita

D'ailleurs, cet être fragile en perpétuelle évolution a du souci à se faire :
40 être bobo, c'est *out* ! Maintenant pour être *in*, il faut être « furita » !
Ce nouveau mode de vie nous vient directement du Japon. Lassé par une économie en panne et une idéologie productiviste datant des années 60-80 encore bien ancrée dans les esprits, les 15-29 ans ten-

---

1 **Beigbeder** *écrivain*
1 **GAP** *marque à la mode*
2 **la mondialisation** Globalisierung
2 **un portefeuille** Portfolio
2 **une action boursière** Aktie
3 **jongler** *ici* : jouer
3 **le palm pilot** Organizer
5 **un acronyme** aus den Anfangsbuchstaben mehrerer Wörter gebildetes Kurzwort
10 **désordonné, e** ungeordnet
12 **joyeux, euse** gai
12 **s'épanouir** se développer de façon positive
13 **plaisant, e** gentil, drôle
14 **une futilité** Belanglosigkeit
17 **fustiger** critiquer
18 **filer** aller vite
19 **décalé, e** individualiste
20 **inaperçu** unbemerkt
22 **retaper** rénover, réparer
23 **s'exposer** sich aussetzen
23 **le flash** Blitzlicht
25 **le trou de la couche d'ozone** Ozonloch
26 **abuser de** im Übermaß nutzen
27 **surveiller** → un surveillant
27 **veiller à** faire attention à
27 **entretenir** garder
28 **le flou** Unschärfe
29 **paradoxal, e** widersinnig
31 **le droit d'adoption** Adoptionsrecht
32 **exploiter** profiter
34 **persuader** convaincre
34 **s'enrichir** devenir riche
36 **prôner** preisen
39 **fragile** → la fragilité
39 **perpétuel, le** ständig
41 **lasser** fatiguer
42 **productiviste** ausschließlich gewinnorientiert
44 **ancré, e** verankert

tent de révolutionner les institutions. Pour 40 % d'entre eux, le travail est un moyen simple de gagner sa vie et non plus une fin en soi. Le salarié modèle en costume-cravate gris, c'est t-e-r-m-i-n-é !

Les jeunes Japonais sont en rupture avec le modèle dominant. Ce qui compte à leurs yeux, c'est de vivre en adéquation avec leurs envies, quitte à vivre modestement. Les meilleurs diplômés acceptent des emplois précaires de serveurs, travaillent six mois, puis partent 6 mois à la découverte du monde. On les appelle les « furita », de l'anglais « free » (libre) et de l'allemand « Arbeit » (le travail). Ils seraient déjà 1,7 million dans le pays selon les statistiques officielles. Fustigés par certains qui regrettent la perte du sens de l'effort, les « furita » pourraient bien débarquer rapidement en France.

Vivre en harmonie avec soi, découvrir l'autre, une philosophie de vie plus enrichissante que de se regarder le nombril en s'assommant de questions pseudo-existentielles.

Extraits de l'article d'Anne de Kinkelin publié sur www.legraindesable.com

45 **une fin en soi**	Selbstzweck
48 **en adéquation**	en harmonie
48 **une envie**	un désir
48 **quitte à**	prêt à
49 **modestement**	simplement
49 **précaire**	qui n'est pas sûr
53 **la perte** →	perdre
54 **débarquer**	arriver
55 **enrichissant, e** →	riche
56 **le nombril**	Nabel
56 **s'assommer** *ici :*	s'ennuyer

Autour du texte → Fiche 3.13

1. Expliquez pourquoi le bobo est « un animal paradoxal ».
2. Précisez les différences entre le mode de vie des bobos et celui des furita.

Au-delà du texte → Fiche 3.13

1. Connaissez-vous des personnes en Allemagne qui ressemblent aux bobos en France ? Qu'est-ce qui les caractérise ? En quoi diffèrent-ils des bobos français ?
2. Commentez l'attitude des furita.

Paris et les Parisiens

Fiche 3.13

Lexique de la comparaison

Mots et expressions utiles

1. Pour exprimer une comparaison

En comparaison à / avec…

En comparant… / qc à qc…

Comparé,e à…

2. Pour exprimer des analogies

Parallèlement,…

De même,…

se ressembler / …ressembler à … / correspondre à…

… être identiques / les mêmes / pareil(le)s / comparables

3. Pour exprimer des différences

Contrairement à…

À la différence de…

À l'opposé…

Inversement…

… par contre…

… au contraire…

… en revanche…

Alors que… / Tandis que…

… ne pas être identique(s) / le(s) / la même(s) / pareil(le)s / comparables

… différer de… par… / se distinguer de… / s'opposer à… / ne pas correspondre à…

Fiche 4.1

4 Paris à pied, à vélo, en métro

Les Rita Mitsouko, *Grip Shit Rider in Paris* ▲

Avant l'écoute

Quelles idées est-ce que vous associez au titre ?
Parlez-en et expliquez-les.

🎵 13

Un pas, un autre pas
Un pied derrière l'autre
J'avance pas à pas

À Paris c'est si joli
5 Quand on regarde en l'air
Le ciel orange, les lampadaires
Ont des airs extraordinaires
La forme des maisons
Change avec le quartier
10 Rythmée par les balcons
De fer ouvragé
Des immeubles haussmanniens
Parisiens

Grip Shit Rider in Paris
15 Deuxième, cinquième étage
La belle ouvrage
Grip Shit Rider in Paris

Aux grands porches de chêne
De grosses têtes sculptées
20 Se penchent et veillent
Et nous regardent passer
Des cheminées chapeautées noires et fines
Zigzagant dans le ciel bien en ligne
Vont par trois, quatre ou cinq
25 S'échappant des toitures de zinc

Grip Shit Rider in Paris, oh shit!
Grip Shit Rider in Paris

Le piéton inattentif
Avec toujours le pif en l'air
30 Oublie de regarder par terre
Le touriste attendri
Aux rondeurs du Sacré-Cœur
A senti sous son pied
Quelque chose d'épais

35 Grip Shit Rider in Paris
Ah c'est une crotte! Une crotte!
Des crottes sur lesquelles
On marche
Si nous ne faisons
40 Pas plus attention
Nous les piétons
Grip Shit Rider in Paris

Surgissant au détour d'une rue,
Il apparut
45 Tout de vert vêtu
Justicier de la propreté
Dégainant
Son aspirateur

C'est le Grip Shit Rider in Paris

© by Delabel Editions/Emi Music Publishing France SA, Rechte für Deutschland, Österreich, Schweiz und Europa (außer Baltikum): EMI Music Publishing Germany GmbH, Hamburg

---

3 **avancer** marcher – 6 **le lampadaire** Straßenlaterne – 10 **rythmer** → le rythme – 11 **ouvragé, e** kunstvoll gearbeitet – 12 **haussmannien, ne** *le préfet Haussmann (1809-1891) a dirigé les travaux de modernisation de Paris sous le Second Empire* – 16 **la belle ouvrage** *pop* bien fait (en français standard, *ouvrage* est masculin) – 18 **un porche** grande porte d'entrée – 18 **un chêne** Eiche – 19 **sculpter** (in Stein) hauen – 20 **se pencher** sich neigen – 20 **veiller** faire attention – 22 **une cheminée** *ici :* Schornstein – 22 **chapeauté, e** *ici :* comme si elles portaient un chapeau – 23 **zigzaguer** sich schlängeln – 23 **bien en ligne** in Reih und Glied – 25 **s'échapper** *ici :* sortir – 25 **la toiture** le toit – 25 **le zinc** Zink – 28 **inattentif, ve** qn qui ne fait pas attention – 29 **le pif** *fam* le nez – 31 **attendri, e** plein d'émotions – 32 **la rondeur** Rundung – 34 **épais, se** gros – 36 **une crotte** Hundehaufen – 43 **surgir** apparaître – 43 **le détour** *ici :* Ecke – 45 **vêtu, e** habillé – 46 **le justicier** Verfechter ; Rächer – 47 **dégainer** sortir (un revolver p. ex.) – 48 **un aspirateur** Staubsauger

Paris à pied, à vélo, en métro

Fiche 4.1

Autour du texte

1. Quel moment de la chanson la photo ci-dessous montre-t-elle ?
2. Analysez le ton des trois premiers couplets.
3. Examinez comment la chanson décrit la personne sur la motocrotte et son action.

Les « motocrottes » ou « caninettes » nettoyaient les trottoirs de Paris dans les années 1980-90.

Paris à pied, à vélo, en métro

La propreté à Paris ▲

Sur le site www.linternaute.com, des personnes ont donné leur avis sur la propreté à Paris. Le premier témoignage est un point de vue d'ensemble des problèmes de propreté à Paris. Les textes suivants proposent des solutions aux problèmes de propreté à Paris.

5 **1. Paris pourrait être tellement plus belle !**
Rues, façades, jardins… Êtes-vous satisfait par le service de propreté de la Ville de Paris ?

Non, je ne suis pas satisfaite par le service de propreté de la ville de Paris. Enfin, il faut dire qu'on leur rend pas la tâche facile. Il y a
10 trop de gens qui jettent leur chewing-gum par terre, ça donne des grosses taches grisâtres sur les trottoirs, et il y en a partout (même sur les Champs-Elysées) ! En revanche, je trouve qu'il y a moins de déjections canines qu'avant. Je vois de plus en plus de gens ramasser les crottes de leur chien ou même les emmener faire leurs
15 besoins sur la chaussée. C'est bien mais c'est sûr que comparé à des villes anglo-saxonnes, il y a encore du chemin à faire. En fait, ce qui m'énerve le plus à Paris, ce sont tous ces gens que je vois jeter leur emballage plastique dans la rue (alors même qu'il y a souvent une poubelle 10 mètres plus loin), leur mouchoir (toujours très dis-
20 crètement…), leur chewing-gum, etc. Ensuite, il y a beaucoup trop de personnes qui laissent leur vieux micro-onde, leur canapé, leurs étagères et vieux jouets, etc. dans la rue comme si c'était une décharge ! Ça me rappelle le Moyen Âge : on se débarrasse de tout ce dont on ne veut plus directement dans la rue ! Enfin, dernière re-
25 marque, mais non des moindres : les gens qui urinent dans la rue ! Dans le 20e, à Paris, j'ai déjà vu plein de gens uriner dans les couloirs du métro, contre des arbres ou des murs juste sur des chemins fréquentés etc. […] Désolée, mais ça me choque : on n'est pas des bêtes quand même ! Bref, sinon pour les jardins, j'ai tout de suite à
30 l'esprit le parc des Buttes-Chaumont. C'est un parc magnifique que j'avais toujours voulu visiter mais j'ai été déçue par le nombre de crottes de chiens dans l'herbe ! Personnellement, ça me donnait pas l'envie de m'asseoir. Même si je connais beaucoup de personnes pour qui c'est un détail insignifiant, c'est pas le cas pour moi et je
35 ne recommanderai pas ce parc à des amis (plutôt le parc Monceau ou le parc André-Citroën, alors). Bon, voilà ! Désolée, c'est un peu long mais j'en avais gros sur le cœur ! Je pense que Paris serait la (et pas l'une des villes) ville la plus belle du monde, si seulement les Parisiens étaient plus civiques !

Charlotte, Paris

---

9 **la tâche** Aufgabe
11 **la tache** Flecken
11 **grisâtre** gräulich
11 **le trottoir** *partie de la rue pour les piétons*
13 **une déjection canine** *une crotte*
15 **la chaussée** *partie de la rue pour les voitures*
16 **anglo-saxon, ne** angelsächsisch
18 **un emballage** Verpackung
19 **le mouchoir** Taschentuch
21 **un micro-onde** Mikrowelle
21 **le canapé** Sofa
22 **le jouet** Spielzeug (→ jouer)
22 **la décharge** Deponie
23 **se débarrasser de** jeter
25 **le/la moindre** le plus petit, le moins important
25 **uriner** urinieren
28 **fréquenté, e** où passe beaucoup de monde
28 **désolé, e** je regrette
29 **sinon** außer
32 **l'herbe** f Gras
34 **insignifiant** sans importance
37 **en avoir gros sur le cœur** être très triste
39 **civique** *etwa :* gemeinwohlorientiert

Paris à pied, à vélo, en métro

2. Que proposeriez-vous pour améliorer la propreté de la ville ?

a. Que le problème soit réglé par « sous-quartier ». Mais dans la totalité. Vous prenez un bloc (sous-quartier), vous quantifiez toutes les tâches nécessaires, vous planifiez le travail, vous nettoyez et mettez en place un système de surveillance à l'échelle du bloc (une cellule de quartier qui se réunirait mensuellement et qui ferait le point sur la propreté, la sécurité, les investissements etc.), et ces petits comités rendraient compte à leur arrondissement régulièrement. Les comités de quartier seraient l'émanation des habitants des secteurs concernés ainsi que des pouvoirs publics et de la représentation municipale.
Christophe Bertomeu, Paris

b. Éduquer les gens à ramasser les crottes par exemple, mettre le plastique ou le Sopalin entre le chien et la rue, plier tout et le mettre à la poubelle, comme cela : pas de trace sur le trottoir. Et les fumeurs : ramassez vos mégots, très mauvais pour l'écologie car tout part dans les égouts et du coup, l'eau est encore plus polluée... Pensez à vos enfants !
Gentiane, Paris

c. Pour rendre Paris plus propre, il faudrait donner aux agents le pouvoir de le faire. Augmenter les personnels sur le terrain (éboueurs et chefs) pour une efficacité plus grande, arrêter de travailler en secteur, donner plus de responsabilités aux agents concernés. Le fait de ne pas écouter les premiers concernés les rendent frustrés. Ils connaissent parfaitement leur métier et la plupart en sont fiers. Si vous leur donnez les moyens nécessaires, cette ville retrouvera toute sa grandeur de propreté.
Thierry Lavedrine, La Verriere

d. Un slogan :
« Un pari mutuel, un Paris propre ».
(Il peut être affiché sur les panneaux lumineux qui jalonnent le tout Paris), en guise de rappel à l'ordre.
Jean-Pierre

e. Il faut éduquer dès la maternelle et sanctionner. Mais puisque les pollueurs doivent être les payeurs, les propriétaires de chiens devraient payer un impôt pour le ramassage des déjections de leurs protégés !
Ancy, Viry Châtillon

f. Encore beaucoup plus de poubelles et surtout des lieux sanitaires gratuits pour pouvoir traverser Paris sans avoir à s'arrêter boire un café afin d'aller aux toilettes. C'est anormal dans une grande ville réputée mondialement ! Plus de petits jobs étudiant pour la propreté de la ville. Et rétablir l'instruction civique à l'école privée et publique ! Comme on dit : « Nettoyer, c'est bien, mais ne pas salir, c'est beaucoup mieux ! ».
Lemulot, Paris

g. M. Delanoë ferait bien de remettre sur le pavé parisien les motocrottes; il faut aussi taxer les propriétaires de chien, favoriser la chasse des pigeons, etc.
Pascal

Témoignages recueillis sur www.linternaute.com

---

40 **améliorer** rendre meilleur
41 **sous-quartier** division de quartier
42 **le bloc** *ici :* Häuserblock
42 **quantifier** Aufwand berechnen
43 **planifier** planen
44 **la surveillance** → surveillant
44 **à l'échelle de** *ici :* en fonction de
45 **une cellule** Zelle
45 **se réunir** se rencontrer
46 **faire le point** Bilanz ziehen
46 **un investissement** Investition
47 **rendre compte** berichten
49 **l'émanation** *f* expression *f*
50 **municipal, e** communal
51 **éduquer** → éducateur
52 **le Sopalin** Küchenpapier
52 **plier** falten
54 **le mégot** Zigarettenkippe
55 **les égouts** *m* Kanalisation
57 **un agent** Bediensteter
58 **un éboueur** Müllwerker
59 **l'efficacité** *f* Effektivität
60 **le secteur** *ici :* Arbeitsbereich
61 **frustré, e** frustriert
66 **un pari mutuel** *ici :* eine Wette auf Gegenseitigkeit
67 **afficher** → une affiche
67 **un panneau lumineux** beleuchtete Werbetafel
67 **jalonner** säumen
68 **en guise de** comme
68 **un rappel** → rappeler
69 **sanctionner** bestrafen
70 **un pollueur** → pollution
70 **le payeur** → payer
71 **un impôt** Steuer
71 **le ramassage** → ramasser
72 **le protégé** Schützling
73 **un lieu sanitaire** les toilettes *fpl*
74 **avoir à faire** devoir faire
75 **afin de** pour
75 **anormal** ≠ normal
76 **réputé, e** bien connu
76 **mondialement** → monde
77 **rétablir** wieder einführen
77 **l'instruction civique** *f* Staatsbürgerkunde
79 **salir** → sale
80 **le pavé** *ici :* les rues
82 **un pigeon** Taube

Paris à pied, à vélo, en métro

Fiche 4.2

Autour des textes

1. Présentez les raisons pour lesquelles Charlotte n'est pas contente de la propreté à Paris.
2. Résumez en quelques phrases ce que Christophe et les autres intervenants *(Beiträger)* suggèrent pour améliorer *(verbessern)* la situation dans la capitale.
3. Commentez les solutions proposées et dites lesquelles vous semblent les plus appropriées.

Au-delà des textes → Fiche 5.7

Débat télévisé sur la propreté à Paris. Les intervenants sont :
- une homme / une femme politique qui veut régler tous les problèmes par des sanctions,
- un/e écolo(giste) radical,
- une mère de trois jeunes enfants
- un/e urbaniste *(Städteplaner)*.
- une employée de l'office de tourisme de Paris
- un balayeur
- un agent de police
- un éboueur
- un vieil homme qui a un petit chien.

Préparez des fiches de discussion qui contiennent vos arguments pour soutenir votre point de vue et quelques arguments pour contredire les autres intervenants et leurs arguments. Le vocabulaire de la fiche 5.7 vous aidera à structurer vos idées et à les formuler.

Activité linguistique

Vous vous souvenez des règles de la phrase conditionnelle avec *si* ? Vous en trouverez ci-dessous les aspects les plus importants.

Beispiel	Nebensatz: Bedingung	Hauptsatz: Folge
Si plus de gens s'**engagent** pour la propreté, toute la ville en **profitera**.	*si* + Présent	Présent / Futur simple / Futur composé
Si nous **étions** tous un peu plus disciplinés, il y **aurait** moins de problèmes.	*si* + Imparfait	Conditionnel présent
Si tu **avais jeté** ton chewing-gum à la poubelle, tu **aurais** servi de modèle aux autres jeunes.	*si* + Plus-que-parfait	Conditionnel passé

Dans le premier témoignage, Charlotte dit : « Paris serait la (…) ville la plus belle du monde, si seulement les Parisiens étaient plus civiques. »
Faites des phrases d'après ce modèle pour parler des problèmes de propreté de Paris.

Paris à pied, à vélo, en métro

Fiche 4.3

Joe Dassin, *La complainte de l'heure de pointe* ▲

Avant l'écoute

1. Quels sont pour vous les problèmes typiques de la vie dans une grande ville comme Paris ?
2. Sur une carte de Paris, cherchez les places suivantes : Place des Fêtes, Place (de) Clichy, Place de la Bastille, Place de la République, Place Cambronne.
3. Quels événements historiques associez-vous à la Bastille, à Austerlitz, à Waterloo ?
4. Informez-vous :
   a. Combien d'opéras y a-t-il à Paris ? Où se trouvent-ils ?
   b. Qu'est-ce qu'on entend par « le mot de Cambronne » ?

🎵 14

Refrain (x 2)
Dans Paris à vélo on dépasse les autos
À vélo dans Paris on dépasse les taxis

Place des Fêtes on roule au pas
5 Place Clichy on n'roule pas
La Bastille est assiégée
Et la République est en danger

Refrain (x 2)

L'agent voudrait se mettre au vert
10 L'Opéra rêve de grand air
À Cambronne on a des mots
Et à Austerlitz c'est Waterloo

Refrain (x 2)

Text & Musik: Carl-Ulrich Blecher/Leon Deane/Chris Juwens, © Toledo Musik Produktion GmbH

la complainte (volkstümliches) Klagelied
l'heure de pointe Hauptverkehrszeit
2 **dépasser** überholen
4 **rouler au pas** rouler très lentement
6 **assiéger** besetzen
9 **l'agent** *m* agent de police, policier
9 **se mettre au vert** aus der Stadt fliehen, im Grünen leben
10 **un air** *ici* : Arie

Après l'écoute

Décrivez la musique de la chanson.

Autour du texte

1. Exposez quel problème de la vie urbaine se trouve au centre de la chanson.
2. Expliquez par quels moyens stylistiques l'auteur souligne l'aspect drôle de cette complainte.

Au-delà du texte Online-Link : 597086-008

✎ Sur Internet, cherchez des informations sur le « Vélib' », un système de location de vélos à Paris, et répondez aux questions suivantes :
– Que faut-il faire pour prendre et déposer un vélo ?
– Expliquez les différentes sortes d'abonnement.
– Quelle est la condition nécessaire pour pouvoir louer un vélo ?
– Vous avez un abonnement Courte Durée et vous prenez un vélo pour 70 minutes – combien vous faut-il payer ?
– Vous habitez dans un petit hôtel près du jardin du Luxembourg. Quelles stations Vélib' pourraient être intéressantes pour vous ?
– À quelle distance se trouvent les stations Vélib' ?
– Vous « oubliez » de rendre votre vélo – qu'est-ce qui se passe ?

Paris à pied, à vélo, en métro

Tous dehors ! Île-de-France ▲

Paris Rando Vélo

Balade au clair de lune

Adieu voitures, bus, motos, taxis : ce soir, les rues de Paris appartiennent aux vélos. Enfourchez le vôtre et rejoignez la tribu des cyclistes qui se donnent rendez-vous tous les vendredis soirs
5 devant l'Hôtel de Ville. Enfants, ados ou adultes, chacun a sa place ici. Organisées depuis 1998 par l'association Paris Rando Vélo, dans la lignée des « rando rollers », ces balades nocturnes se veulent accessibles à tous. Gratuité, sécurité et convivialité sont les maîtres-mots de cette activité. À un rythme moyen de
10 douze kilomètres à l'heure, vous pédalez tranquillement dans les rues de Paris, illuminées et désertées par les voitures. Aucun souci à vous faire en matière de circulation : une vingtaine de « staffers » de l'association vous encadrent et bloquent les carrefours le temps du passage du peloton. Veillez en revanche
15 à ne pas franchir la ligne blanche et à faire attention à ne pas heurter votre voisin… En cas d'accident, sachez qu'un véhicule de la Croix-Rouge n'est pas loin. À mi-parcours, une petite pause d'un quart d'heure est prévue pour permettre à chacun de souffler quelques instants. Vous pouvez quitter la randonnée
20 à tout moment, mais cela vaut le coup d'aller jusqu'au bout : ce n'est pas tous les jours que la route est à vous.

Coin du curieux

Un « vélo DJ » passe de la musique pendant la balade. Quelques jours avant, vous pouvez proposer sur le site Internet de
25 l'association les morceaux que vous souhaitez écouter.

Extraits de l'article publié sur http://voyazine.voyages-sncf.com/destinations/france/ile de france/sources externes/balado/tous dehors/paris rando velo/

la rando vélo *fam* la randonnée à vélo (Fahrradtour)
1 **la balade** → se balader
1 **le clair de lune** Mondschein
3 **enfourcher** besteigen
3 **la tribu** *ici :* groupe
4 **un cycliste** personne qui se déplace en vélo
7 **dans la lignée de** *ici :* sur le modèle de
7 **nocturne** pendant la nuit
8 **accessible à tous** pour tous
8 **la gratuité** → gratuit
8 **la convivialité** Gastlichkeit
9 **un maître-mot** mot important
10 **pédaler** rouler à vélo
11 **illuminer** erleuchten
11 **déserter** quitter
12 **le souci** Sorge
12 **en matière de** en ce qui concerne
13 **le staffer** *angl :* Mitarbeiter
13 **encadrer qn** *ici :* betreuen
13 **bloquer** blockieren
14 **le peloton** Fahrerfeld
14 **veiller à** faire attention à
14 **en revanche** par contre
16 **heurter** zusammenstoßen
16 **un véhicule** Fahrzeug
17 **à mi-parcours** auf halber Strecke
19 **souffler** *ici :* Atem holen
19 **un instant** un moment

Autour du texte

1. Présentez brièvement les activités de Paris Rando Vélo.

2. Examinez la façon dont le texte s'adresse au lecteur et classez-le dans une des catégories suivantes : texte d'information, texte d'opinion, texte d'appel, texte narratif, texte publicitaire, témoignage personnel, mode d'emploi.

Au-delà du texte

Dites si vous auriez envie de participer à une telle balade nocturne dans votre ville ou région. Justifiez votre point de vue.

Paris à pied, à vélo, en métro

Fiche 4.5

Les Démotorisés

Vignette aus : Désert & Fab, *Les Parisiens*, Éd. Jungle 2006, p. 19

un démotorisé qn qui roule sans moteur - **se pousser** *fam* faire place – **bouffer** *fam* manger – **un VTT** un vélo tout terrain (Mountain-bike) – **un tricycle** Dreirad – **débile** *ici :* idiot – **ferme-la** *fam* tais-toi – **Virenque** (Richard) *ancien cycliste français très connu* – **à la noix** *fam* mauvais – **pédaler** rouler à vélo – **espèce de con** *vulg* Blödmann

Autour du texte

1. Décrivez l'atmosphère de la journée des *Démotorisés*.
2. Comparez la vignette au texte de Paris Rando Vélo (Fiche 4.4).

Activité linguistique : Quelques prépositions (2)

Traduisez en français. En cas de problèmes, consultez votre grammaire ou un dictionnaire.

mit	mit dem Auto/der Bahn/dem Schiff fahren	
	das Mädchen mit den blauen Augen	
	lauter Stimme sprechen	
	einem Wort	
	der Zeit	
bei	meinen Eltern	
	Strasbourg (nahe bei) wohnen	
	einem Unfall	
	Tag/Nacht	
	einer Demonstration	
	Ankunft/Abfahrt des Zuges	
nach	dem Abendessen	
	langer Zeit	
	Marseille fahren	
	Spanien aufbrechen	
	Portugal fahren	
	Deutschland zurückkommen	
	Alkohol riechen	
	Meinung des Autors	
	meinem Dafürhalten/meiner Meinung	
vor	der Schule	
	der Kreuzung links	
	22 Uhr	
	zwei Jahren	
	Freude weinen	
	Kälte zittern	

Paris à pied, à vélo, en métro

Fiche 4.7

Débat : « Paris à vélo, c'est pour bientôt ? »

Avant la lecture

1. Essayez de trouver la signification des mots suivants en vous servant de vos connaissances linguistiques :
un désaccord – inutilisable – idyllique – développer – éliminer – extrémiste – polluer

2. Traduisez les mots suivants à l'aide d'un dictionnaire et classez-les selon des catégories qui vous conviennent : *la roue – le deux-roues motorisé – une piste cyclable – un moyen de déplacement – le tramway – le trajet – un cycliste – la cylindrée*

« Vélorution » est une association engagée qui milite pour donner davantage de place aux cyclistes à Paris... en se battant - entre autres - contre l'automobile et les deux-roues motorisés [...].
Les discussions porteront bien sûr sur la politique de Bertrand
5 Delanoë, avec notamment le sujet d'actualité concernant JCDecaux et sa mise en libre-service de vélos, et l'augmentation des pistes cyclables dans la capitale. Vélorution profitera tout de même de l'occasion pour montrer l'un de ses désaccords avec le maire de Paris : « Il y a certes des choses qui se font, mais le discours du maire
10 présente toujours le vélo comme un loisir. Pas comme un vrai moyen de déplacement ».
En termes d'urbanisme, l'architecte-urbaniste Michel Cantal-Dupart évoquera la nécessité de prendre en compte les spécificités et les besoins du vélo dans la conception des aménagements publics. «
15 Dans le cas de la construction du tramway des Maréchaux, on voit bien que l'architecte n'a pas pensé aux cyclistes, en construisant une piste quasiment inutilisable » estime Philippe Colomb de l'association.
Pour Vélorution, le Paris idéal serait piéton, traversé uniquement
20 par les cyclistes et les transports en commun. Vision idyllique d'une capitale où les transports seraient plus développés, moins en retard ou en grève, et pratiques pour les trajets de banlieue à banlieue...
Mais tout est possible, croisons les doigts.

Posté sur le site www.caradisiac.com, dans la rubrique « écologie ».

1 **militer** s'engager
2 **davantage** plus
4 **porter sur** parler de
4 **Bertrand Delanoë** maire de Paris
5 **JCDecaux** groupe industriel spécialisé dans la publicité urbaine
9 **certes** bien sûr
9 **se faire** être fait
12 **un terme** une expression
12 **l'urbanisme** *m* Städtebau
13 **évoquer** faire penser à
13 **prendre en compte** berücksichtigen
14 **l'aménagement** *m* **public** Stadtgestaltung
17 **quasiment** presque
22 **la grève** Streik
23 **croiser les doigts** Daumen drücken

Un commentaire

25 Je suis cycliste et excédé de risquer ma peau chaque fois que je prends mon vélo pour me déplacer, c'est à dire tout le temps...
Pourtant je pense que nous pourrions être un peu plus à l'aise sur nos vélos sans éliminer complètement les voitures : calmer un peu les chauffeurs de taxi qui prennent le printemps pour l'ouverture de
30 la chasse, modérer l'énergie des 2RM qui ne savent même plus que

25 **je suis excédé, e par qc** *fam* qc m'énerve
27 **être à l'aise** se sentir bien
29 **l'ouverture** *f* **de la chasse** Eröffnung der Jagdsaison
30 **modérer** mäßigen
30 **2RM** deux-roues motorisés

Paris à pied, à vélo, en métro

sur un vélo le couple est musculaire… Sans être extrémiste je pense que pour rendre le vélo plus agréable quelques pistes cyclables bien placées seraient appréciables, à condition qu'on puisse y rouler : celui qui a prévu la coulée verte de Montparnasse à Massy n'a pas dû
35 voir un vélo depuis bien longtemps, une barrière tous les 50 m, au bout d'un certain temps on finit par retourner sur la route ! Éliminer les voitures n'est pas très juste, les taxer (payer sa journée de balade polluante en fonction de sa cylindrée et de son niveau de pollution) me paraîtrait plus adapté. Et, connaissant nos chers concitoyens, ça
40 devrait avoir ses petits effets…

Commentaire posté sous le pseudonyme « 341 à deux alvéoles vaut bien mieux qu'un gros 2L qui pollue »

31 **le couple** *ici :* Antriebskraft
33 **appréciable** *ici :* gewünscht
33 **à condition que** (+ *Subj.*) unter der Bedingung, dass
34 **une coulée** *ici :* un chemin
37 **taxer** besteuern
38 **en fonction de** selon
39 **adapter** anpassen

Autour du texte

1. Résumez les idées du texte sur la Vélorution.
2. Expliquez le nom de l'association Vélorution et dites ce qu'il met en relief.
3. Pesez le pour et le contre de la vision d'un Paris « piéton, traversé uniquement par les cyclistes et les transports en commun » (l. 19-20).
4. Comparez les idées du commentaire à celles du texte « Paris à vélo, c'est pour bientôt ? ».

Paris à pied, à vélo, en métro

Service Public, *Fulgence Bienvenüe* ▲

Avant l'écoute | Online-Link : 597086-009 |

Informez-vous sur Fulgence Bienvenüe, sa vie et son œuvre.

Paris est dans l'urgence
15 Car pour l'exposition
Ça vient d'être décidé, on fait l'métro mais
En l'air ou sous la terre
5 Où circulera-t-on ?
Les rois de la planche à dessin se creusaient, désormais…

Refrain
Omnibus et diligences
Auront tôt disparu
10 *Disparu grâce à qui ?*
À Bienvenüe Fulgence, le père du métro
Qui tient le pari
Du métro à Paris ?
Le manchot, l'inconnu
15 *Prénom : Fulgence, Nom : Bienvenüe*

Quand, dans la somnolence
De ce 19 juillet
De 1900, à 13 heures, s'élance le métro
De Vincennes à Dauphine
20 En marquant dix arrêts
Vite fait, bien fait, c'est le succès
Fulgence est un héros

Refrain (x 2)

Et Fulgence il jubile
25 Quand il voit maintenant
Ses détracteurs qui criaient au drame, au fiasco
Rouler d'un train rapide
Et confortablement
Au chaud l'hiver, au frais l'été
30 En disant que là-haut…

Refrain (x 2)

1 **l'urgence** *f* Dringlichkeit
2 **l'exposition** il s'agit de l'exposition universelle de 1900
6 **la planche à dessin** Reißbrett, Zeichenbrett
6 **se creuser** *ici :* réfléchir beaucoup
6 **désormais** à partir du moment actuel
8 **une diligence** Postkutsche
12 **un pari** Wette
14 **manchot, te** qui n'a qu'un seul bras
16 **la somnolence** moment où on commence à s'endormir
18 **s'élancer** vorstürmen
19 **Vincennes, Dauphine** stations de métro
20 **marquer** *ici :* faire
24 **jubiler** *fam* être très content
26 **un détracteur** un critique
26 **crier à** parler de

Texte et musique : Jean-Michel Grandjean
© Compagnie Art Métamorphoses

Après l'écoute

Discutez à deux de ce que vous avez entendu dans la chanson.

Autour du texte

Résumez l'histoire du premier métro.

Leïla Sebbar, *Babel souterraine* ▲

Avant la lecture

1. Informez-vous sur
   a. les lieux géographiques suivants : *l'Atlas marocain - l'Aurès - Djebel Amour - l'Inde - les Antilles*
   b. les noms historiques : *le pharaon - les Assyriens*
   c. les vêtements et étoffes (Stoffe) : *le chèche - le keffieh - la calotte - la soie - le velours - la mousseline*
   d. les bijoux : *la fibule - la broche - le diadème - les mains de Fatma - la plume d'autruche*
2. Nommez des pays où l'on trouve des déserts et des savanes.
3. Expliquez les mots suivants sans consulter le dictionnaire : *la périphérie - un aventurier - la coiffure - une statuaire - le tatouage - le corail - indiscret - insulaire - une miniature*

Le métro à Paris, c'est Babel, les visages, les gestes et les corps posés sans voix, mais les yeux disent, dans la langue du pays perdu, quitté, abandonné, ce que des sœurs, des frères comprennent peut-être. Le pays, c'est la banlieue, les quartiers, les cités, à la périphérie toujours,
5 avec la terre natale, et les ancêtres, en arrière-pays. Je les regarde, un siècle plus tard dans ce lieu souterrain et nomade où ils ne pensaient pas se trouver un jour, peut-être le savaient-ils en secret, le redoutant, le désirant. Je les regarde avec, en mémoire, l'œil mécanique des photographes orientalistes, aventuriers de l'image, curieux de l'Etran-ger,
10 de l'Étrangère, le deuxième œil toujours prêt à saisir sur le vif ou en studio, un visage, le regard grave ou le sourire ironique, des gestes et des corps qui racontent à ceux qui ne voyagent pas, étoffes de soie éclatante, velours et mousseline, couleurs d'outre-mer. Des paysages étrangers ou fantastiques, des déserts et des savanes, des fleuves.
15 Je peux, ainsi, regarder longuement un profil pharaonique ou assyrien ; les boucles noires, serrées, d'une petite fille de l'Atlas marocain dans les salles claires du Louvre ; la coiffure subtile et savante de la statuaire africaine ; les tatouages bleus de l'Aurès algérien ; les rayures brillantes du foulard kabyle fabriqué en Chine ; fibule argent et corail,
20 broche du Djebel Amour, mains de Fatma, mais ni diadème ni plumes d'autruche.
Je note, indiscrète, le beau sourire bavard d'une jeune amante entre Afrique et Asie, sa peau dorée chante une géographie insulaire et les mots de sa langue, à l'homme assis contre elle sur la banquette ;
25 l'Asie, ses hautes pommettes, et l'Inde des miniatures avec les robes de fête qui traversent le wagon ; les cheveux crêpelés, gonflés en coquilles latérales à la manière de l'aïeule antillaise ; le chèche nomade et le keffieh, la calotte blanche de celui qui lit le Livre saint.
Les photographes ont voyagé dans l'Empire au-delà des mers, leurs
30 images vivent ici, dans le métro.

Leïla Sebbar, *Métro, Instantanés*, Éditions du Rocher, Monaco, 2007, p. 11-12

---

1 **posé, e** tranquille
3 **abandonner** quitter
5 **la terre natale** où on est né
5 **les ancêtres** *m* Vorfahren
5 **l'arrière-pays** *m* Hinterland
6 **un lieu nomade** où personne ne reste
7 **redouter qc** craindre qc
8 **la mémoire** le souvenir
10 **saisir** prendre
10 **sur le vif** Schnappschuss
13 **éclatant, e** leuchtend
13 **d'outre-mer** überseeisch
16 **la boucle** Locke
16 **serré, e** → serrer
17 **subtile** fein
17 **savant, e** kunstvoll
18 **une rayure** Streifen
19 **brillant** glänzend
19 **l'argent** *m* Silber
22 **bavard, de** gesprächig
23 **doré, e** bronzé
24 **une banquette** banc
25 **la pommette** Backenknochen
26 **crêpeler** toupieren
26 **gonfler** aufblähen
27 **une coquille** *ici* : qui est comme un coquillage
27 **latéral, e** seitlich
27 **l'aïeule** *f* la grand-mère

Paris à pied, à vélo, en métro

Autour du texte

1. Expliquez pourquoi la narratrice considère le métro comme *Babel*.
2. Examinez de plus près quels groupes ethniques la narratrice observe. Qu'est-ce qu'on apprend sur ces gens-là, leur vie, leurs origines ?
3. Expliquez la dernière phrase. Quel pourrait être le rapport entre *l'Empire* et les personnes que la narratrice observe ?

Paris à pied, à vélo, en métro

Activité créative

Regardez les photos de Robert Doisneau (qui, pour le photographe, n'ont pas formé une unité thématique). Inventez une histoire sur la base de ces deux photos. Dans quel contexte imaginez-vous les photos ? Dites ce qui s'est passé d'après vous. Qui pourrait être concerné ? Quelles seront les conséquences ?

Paris à pied, à vélo, en métro

Fiche 4.11

Petit lexique du métro

À l'aide d'un dictionnaire, ajoutez la traduction des mots inconnus.

Mots et expressions français		Traduction en allemand ou explication
la RATP le RER		
le métro	prendre le métro (à la station…) monter dans le métro manquer / rater / louper fam le métro changer de métro à	
le réseau	la ligne de métro Cette ligne de métro dessert le quartier de la Bastille. la rame de métro la station de métro la bouche du métro le couloir du métro le passage souterrain le portillon du métro l'escalier m / l'escalator m / le tapis roulant / l'ascenseur m	
les aspects pratiques	un passager, une passagère un ticket un aller un aller-retour la zone tarifaire un carnet la carte orange une réduction avoir droit à une réduction	

Travaux pratiques Online-Link : 597086-010

Travaillez sur les situations suivantes :

1. Avec un ami / une amie, vous passerez trois jours à Paris. Vous allez arriver à l'aéroport de Roissy Charles-de-Gaulle. Votre hôtel est situé près du jardin du Luxembourg. Vous avez, bien sûr, l'intention de visiter la ville et ses monuments, mais vous voulez aussi connaître les musées les plus intéressants. Quel tarif de métro correspondra le mieux à votre séjour à Paris et combien est-ce qu'il vous faudra payer ?

2. Vous devez organiser une excursion à Paris en train et rechercher le meilleur tarif de métro. Votre logement se situe au nord de Paris, pas loin de la porte de Clignancourt. Le programme comprendra la visite des monuments connus et l'entrée au Louvre.

Volo, *Le métro*

Au-dessus du SDF assis qui crache et qui tousse
La pub SNCF, le progrès ne vaut que si
Il est partagé par tous
Il fait chaud dans le métro
5 Plus que dans le bus
On manque d'air dans le RER

C'est pas compliqué
Tu y es t'es niqué
Y a d'la pub partout
10 Pubs de merde surtout
Des mannequins plein les murs
Des requins qui t'assurent
Ta maison ta voiture
Quand toi t'as que tes chaussures

15 *Au-dessus du SDF assis qui crache et qui tousse*
La pub SNCF, le progrès ne vaut que si
Il est partagé par tous (x2)
Il fait chaud dans le métro, trop
Plus que dans le bus
20 *On manque d'air dans le RER*

Attention aux pickpockets
À la fermeture des portes
Si vous voulez pour les fêtes
Vos achats de Noël on vous les porte
25 On vous protège on vous contrôle
Les caméras sont pas là pour faire drôle
On vous explique
On vous prévient
On vous colle des flics
30 Et plein de maîtres-chiens

Au dessus du SDF assis qui crache et qui tousse
La pub SNCF, le progrès ne vaut que si
Il est partagé par tous (x2)

On le rate
35 On le gruge
On y fume son bat
On s'y refuge
On s'y sent mal à l'aise
Et sûrement même on y baise
40 On s'y presse
On s'y perd

---

1 **un SDF** un *sans domicile fixe* (Obdachloser)
1 **cracher** spucken
1 **tousser** husten
2 **la pub** *abr* la publicité
2 **le progrès** Fortschritt
2 **Le progrès ne vaut que s'il est partagé par tous** *slogan de la SNCF*
2 **valoir** wert sein, taugen
8 **t'es niqué** *vulg* tu t'es fait avoir
12 **un requin** Haifisch
12 **assurer** versichern
14 **t'as que** *fam* tu n'as que
21 **un pickpocket** *angl* : Taschendieb
24 **un achat** → acheter
25 **protéger qn** jdn schützen
28 **prévenir** warnen
29 **on vous colle des flics**, *fam* Sie werden von Polizisten beaufsichtigt
29 **un flic** *fam* un policier
30 **un maître-chien** Hundeführer
35 **gruger** *fam ici :* schwarzfahren
36 **le bat** cigarette de BAT (British American Tobacco)
37 **se réfugier** sich flüchten
37 **on s'y refuge** on s'y réfugie
38 **se sentir mal à l'aise** ne pas se sentir bien
39 **baiser** *fam* faire l'amour
40 **se presser** se dépêcher

Paris à pied, à vélo, en métro

Fiche 4.12

On s'y compresse
On y désespère
On y tague
45 Sans se faire avoir
On s'y regarde
Sans se faire voir

On le rate
On le gruge
50 On y fume son bat
On s'y refuge
On s'y sent mal à l'aise
Et sûrement même on y baise
On s'y presse
55 On s'y perd
On s'y compresse
On y désespère
On s'y endort trop saoul
On s'y jette en dessous

60 *Au-dessus du SDF assis qui crache et qui tousse*
La pub SNCF, le progrès ne vaut que si
Il est partagé par tous (x2)
Il fait chaud dans le métro, trop
Plus que dans le bus
65 On manque d'air dans le RER

Music & Lyrics by Frédéric VOLOVITCH
© Sony/ATV Music Publishing/OPERA Music Editions

42 **se compresser** sich drängen
44 **taguer** Graffiti sprühen
58 **s'endormir** commencer à dormir
58 **saoul** *fam* état après avoir bu trop d'alcool
59 **en dessous** *fam* drunter

Après l'écoute

1. Parlez de la musique, des instruments que vous avez identifiés.
2. Comment trouvez-vous la musique ? Cochez l'adjectif qui vous convient et justifiez votre décision.

   ☐ passionnante   ☐ intéressante
   ☐ ravissante   ☐ peu intéressante
   ☐ entraînante   ☐ désagréable
   ☐ agréable   ☐ ennuyeuse

   ....
   ....

Autour du texte

1. Présentez les thèmes évoqués dans la chanson de Volo.
2. Expliquez le refrain.
3. Comparez les idées de Volo sur le métro à celles de Service Public (Fiche 4.8).

Paris à pied, à vélo, en métro

Fiche 4.13

Claudine Galea, *Rouge métro* ▲

Avant la lecture

1. Que signifie l'été pour vous ? Qu'est-ce que vous aimez faire l'été ? Qu'est-ce qui vous dérange en été ?

Cerise, élève de troisième à Paris, se déplace régulièrement en métro où elle aime regarder les gens et écouter leurs conversations. Les discours des sans-abri, de ceux qui font la quête dans les transports en commun l'ont toujours bouleversée. Elle ne comprend pas qu'une telle misère puisse exister. Depuis peu, elle
5 *entend le discours de celui qu'elle appelle « Zyeux Verts ». Il explique son enfer, sa vie. Mais ce soir, elle sent qu'il n'en peut plus et que le point de non retour est atteint.*

« Messieurs dames, c'est le début de la semaine, le lundi matin personne n'a envie de recommencer à travailler, moi je n'ai pas besoin de me poser
10 la question, du travail j'en ai pas, ça fait deux ans que j'en ai pas, semaine ou week-end pour moi c'est pareil, j'ai les mêmes problèmes tous les jours, me nourrir me laver trouver un coin où dormir ne pas me faire piquer les affaires qui me restent, mon duvet pour l'hiver, ma paire de chaussures et la carte téléphonique qu'une dame, une dame comme vous dans le métro,
15 m'a donnée la semaine dernière, avec la carte je peux appeler ma mère, ma mère se fait du souci pour moi, elle est handicapée et elle est dans une maison ma mère, je ne vais pas la visiter parce que je ne veux pas qu'elle me voie dans l'état où je suis, parce que l'été c'est bien messieurs dames pour dormir dehors mais avec la chaleur on sent plus vite mauvais et les
20 douches publiques ça coûte de l'argent, et les foyers ils vous acceptent une fois sur deux parce qu'il y a trop de demandes, on choisit pas de puer messieurs dames, on choisit pas de mendier, ça fait deux ans presque jour pour jour que je me suis retrouvé dans la rue, quand ma mère est partie à l'établissement de santé, j'avais pas de quoi payer le loyer, j'étais au
25 chômage longue durée messieurs dames, maintenant je ne suis plus nulle part, je ne suis plus rien du tout, pour le RMI il faut une adresse et j'en ai pas, l'été c'est trompeur messieurs dames, l'été vous croyez toujours que ça va s'arranger, que tout va aller mieux et puis ça vous tombe dessus, les piqûres de bestioles qui s'infectent, la rage de dents, la fièvre qui augmente
30 à cause de la chaleur, le vin qui tourne dans le plastique, la bouffe avariée piquée dans les poubelles des restos, l'été ça pardonne pas, messieurs dames, la chaleur met tout le monde à cran, vous aussi elle vous met à cran, je le vois bien, c'est le premier jour de la semaine et vous êtes déjà à cran, vous n'avez qu'une envie c'est d'être déjà arrivés au bureau où y a
35 la clim, mais dans la rue c'est autre chose messieurs dames, y a jamais la clim dans la rue, l'été la rue c'est l'enfer messieurs dames, vous ne savez pas ce que c'est rôtir en enfer, comme disait le curé, quand j'étais petit j'allais au catéchisme, pour que je sois bon plus tard, disait ma mère, ça me sert à quoi aujourd'hui, dans la rue ça sert à rien messieurs dames, dans mon
40 village à part quelques commerces, la salle de sport et l'église, rien, l'été on se mettait sous les arbres à côté de la fontaine, enfoiré de village, je

1 **se déplacer** voyager	
2 **un sans-abri** Obdachloser	
3 **faire la quête** *ici* : betteln	
3 **bouleverser** erschüttern	
6 **ne plus en pouvoir** ne plus supporter une situation	
7 **atteindre** arriver à	
12 **nourrir** ernähren	
13 **le duvet** Daunendecke	
16 **un souci** Sorge	
16 **handicapé** behindert	
20 **un foyer** Heim	
21 **puer** sentir mauvais	
22 **mendier** betteln	
24 **un établissement de santé** Heilanstalt	
25 **de longue durée** qui dure longtemps	
25 **nulle part** ≠ partout	
26 **le RMI** Revenu minimum d'Insertion *etwa* : Hartz IV	
27 **trompeur, euse** trügerisch	
28 **s'arranger** aller mieux	
29 **la piqûre** *ici* : (Insekten)Stich	
29 **une bestiole** *fam* un insecte	
29 **s'infecter** sich infizieren	
32 **à cran** *fam* gereizt	
35 **la clim** *abr* la climatisation (Klimaanlage)	
37 **rôtir** braten	
37 **un curé** Pfarrer	
38 **le catéchisme** Religionsunterricht	
40 **un commerce** *ici* : un magasin	
41 **une fontaine** Brunnen	
41 **enfoiré, e de village** *vulg etwa* : Scheißdorf	

Paris à pied, à vélo, en métro

Fiche 4.13

veux pas y retourner dans ce putain de bled, c'est juste une illusion, j'ai compris ça quand je me suis retrouvé à Paname l'été il y a deux ans, j'ai compris ma douleur comme disait ma mère, j'ai compris quand
45 j'ai pris les premiers coups, vous voyez là sur le tibia ce qu'elles m'ont fait les lames, et encore j'ai eu de la chance de pas les prendre dans le bide, l'été la poisse empire, le couteau sort pour un rien, pour une place à l'ombre, pour un verre de flotte, pour une parole que l'hiver on n'aurait même pas relevée, l'été on a le sang chaud et la tête chaude,
50 l'été on n'est plus soi-même, je hais l'été messieurs dames, et ça ne fait que commencer, avant le week-end c'était encore l'hiver, et maintenant c'est l'été, l'été on dégouline et on pue, cette nuit ils nous ont chassés du parc où on dormait, y a que dans les parcs qu'il y a des arbres et de l'eau et maintenant ils filtrent aussi les parcs les enculés, excusez-moi
55 messieurs dames je m'emporte et ce n'est que le début de la semaine, mais je crains l'été je le crains comme la peste, les pestiférés c'est nous, vous allez nous fuir encore plus que d'habitude, on va puer encore plus que d'habitude, l'été les gens donnent moins, les gens nous prennent encore moins au sérieux, ils pensent que c'est plus facile, alors que
60 c'est le contraire messieurs dames, l'été c'est l'enfer messieurs dames, l'enfer. »

Claudine Galea, *Rouge métro*, © Éditions du Rouergue, Rodez, 2007, p. 27-30

42 **ce putain de bled** *vulg* enfoiré de village
43 **Paname** *fam* Paris
45 **le tibia** Schienbein
46 **la lame** *ici :* le couteau
47 **le bide** *fam* le ventre
47 **la poisse** *fam* le malheur ; la malchance
47 **empirer** devenir pire
48 **la flotte** *fam* l'eau *f*
49 **relever** noter
50 **haïr** détester
52 **dégouliner** *ici :* stark schwitzen
54 **filtrer** *ici :* contrôler
54 **un enculé** *vulg* Arschloch
55 **s'emporter** s'énerver, se mettre en colère
56 **un pestiféré** Pestkranker

Autour du texte

1. a. Lesquels des thèmes suivants sont abordés dans le monologue ? Cochez.

les vacances *f* d'enfance		la famille	
le chômage		le manque d'abri	
les saisons *f* et leurs problèmes		le bonheur d'enfance	
la formation professionnelle		les conditions *f* d'hygiène	
les bagarres *f*		la vie professionnelle	

b. Un des passagers parlera plus tard du monologue de « Zyeux verts ». Qu'est-ce qu'il racontera ? Pour ne pas toujours utiliser « dire », servez-vous, entre autres, des verbes suivants :

faire savoir qc à qn	jdm etw mitteilen	**contredire qc / qn**	widersprechen
préciser qc	etw präzisieren	**protester contre**	protestieren
constater qc	etw feststellen	**contester qc**	etw in Frage stellen
expliquer qc	etw erklären	**se plaindre de qc**	sich über etw beklagen
signaler qc	auf etw hinweisen	**désespérer de faire qc**	Hoffnung aufgeben, etw zu tun
faire allusion à qc	auf etw anspielen		
rappeler qc	an etw erinnern	**reprocher qc à qn**	jdm etw vorwerfen
insister sur qc	auf etw bestehen; betonen	**accuser qn de qc**	jdn anklagen für etw
souligner qc	etw hervorheben; betonen	**détester qc**	etw verabscheuen

2. Expliquez le rôle que joue l'été pour « Zyeux verts ».
3. Examinez ce qui est typique de la façon de parler de « Zyeux verts ».
4. Cerise sent que « Zyeux verts » n'en peut plus et que le point de non-retour est atteint. Qu'est-ce qu'il pourrait faire ? Qu'est-ce qui pourrait se passer ?

Paris à pied, à vélo, en métro

Leïla Sebbar, *Béquilles* ▲

Un homme parcourt le wagon.
Il avance difficilement. Une béquille remplace la jambe malade. Il a du mal à présenter un carton griffonné. Il sort de l'hôpital, sa famille n'a rien à manger, il ne sait pas où il dormira ce soir...
5 Deux femmes lui donnent une pièce. Il insiste.
Un voyageur à sa voisine : Tous les jours je vois des estropiés avec des béquilles, des jeunes, des vieux, ils se ressemblent, une grande famille, j'ai l'impression.
La voisine : Moi aussi, j'ai remarqué. Pendant une semaine, deux
10 semaines, je les vois en béquilles, pas les mêmes. Après plus rien, ou alors ils sont sur une autre ligne qui est pas ma ligne. Peut-être qu'ils viennent d'un pays en guerre.
Le train s'arrête. L'homme qui mendiait descend avec peine. Il fait quelques pas. Attend que le quai soit vide, se redresse, debout, sur ses
15 jambes valides.

Leïla Sebbar, *Métro, Instantanés*, Éditions du Rocher, Monaco, 2007, p. 39-40

une béquille Krücke
1 **parcourir** traverser
2 **avancer** marcher
3 **le carton** *ici* : Stück Pappe
3 **griffonner** écrire vite
5 **une pièce** une pièce (de monnaie)
5 **insister** continuer
6 **un estropié** Behinderter
13 **mendier** betteln
14 **se redresser** sich aufrichten
14 **debout** stehend
15 **valide** ≠ malade, invalide

Autour du texte

1. Résumez ce petit texte en trois phrases.
2. Comparez-le à l'extrait de *Rouge métro* (Fiche 4.13).
3. Commentez le comportement de l'homme.
4. Donnez votre opinion personnelle sur l'attitude des femmes qui donnent de l'argent et les réflexions des voyageurs dans le métro.

Paris à pied, à vélo, en métro

Fiche 4.15

Tous pou la missic

Désert & Fab, *Les Parisiens*, Éditions Jungle, 2006, p. 15

pou pour
la missic la musique (allusion à l'accent du chanteur)

Autour du texte

1. Racontez l'histoire.
2. Décrivez le musicien et faites des hypothèses concernant ses origines.
3. Caractérisez le comportement des passagers du métro.
4. Discutez du comportement des passagers en partant de votre propre expérience.

Mano Solo, *Métro*

Sur le quai du métro avec sur le dos les blessures du boulot
Il aurait bien maudit sa vie mais un regard autour de lui
Lui enlevait le droit de geindre devant tous ceux bien plus à plaindre
Leur maison dans un sac Tati qui reste là quand le métro s'en va

5 *Et juste le bagout de trois voyous*
Mettait un peu de vie dans ce trou

Sur le quai d'en face un miroir du sexe opposé
Sur la figure la même grimace refusait de le regarder
De toute façon et pour quoi faire
10 On est tous dans la même galère
Trop abattus trop mal rasés pour espérer la faire rêver

Et juste le bagout de trois voyous
Mettait un peu de vie dans ce trou

Elle regardait ses escarpins serrant contre elle son sac à main
15 Elle aurait voulu entendre dans les couloirs le cataclop d'un cheval blanc
Une histoire qu'elle pourrait croire illuminée d'un bel amant
Mais pas de bol on est dans le métro c'est interdit les animaux

Et juste le bagout de trois voyous
Mettait un peu de vie dans ce trou

20 Les deux métros sont arrivés dans leur éternel chassé-croisé
Dans leur voiture derrière les glaces ils retrouvèrent leur face à face
Mais le regard qu'ils se sont lancés a vite rebondi sur leurs chaussures
Dans le bruit des portes fermées ils ont repris leur pâme figure

Et juste le bagout de trois voyous
25 *Mettait un peu de vie dans ce trou*

---

1 **une blessure** → blesser
2 **maudire** verfluchen
3 **geindre** se plaindre
4 **Tati** un magasin bon marché
5 **le bagout** *m* Mundwerk
5 **un voyou** *m* Schlingel ; Gauner
7 **le miroir** Spiegel
8 **la figure** = le visage
10 **la galère** *fam* situation difficile
11 **abattu, e** ≠ fort
11 **mal rasé** schlecht rasiert
14 **des escarpins** *m* Pumps
15 **le cataclop** *Lautmalerei :* Galoppgeräusch von Pferdehufen
16 **illuminer** erstrahlen
16 **un amant** un amoureux
17 **avoir du bol** *fam* avoir de la chance
20 **éternel** ständig, ewig
20 **le chassé-croisé** Hin und Her
21 **la glace** Wagenscheibe
22 **se lancer** s'envoyer
22 **rebondir** zurückschnellen
23 **reprendre** prendre de nouveau
23 **pâme** *adj ici :* erstarrt

Autour du texte

1. La chanson raconte une petite histoire. Résumez-la.
2. Exposez brièvement pourquoi le protagoniste masculin n'a pas le droit de se plaindre.
3. En tenant compte des figures de style, analysez les rêves de la femme.
4. Examinez le rôle du métro dans cette chanson.

Au-delà du texte

Pendant le trajet en métro, la femme repense à la situation dans la station de métro. Imaginez quelles sont ses pensées.

Paris à pied, à vélo, en métro

Fiche 4.17

Lolita Pille, *Hell* ▲

Avant la lecture

Trouvez à chaque mot un équivalent en français standard.
un con – baiser – un/e gosse – un PDG – se défoncer – crever – bourré, e de

Ella, qui se fait appeler Hell, a dix-huit ans et habite Paris. Un soir, elle rencontre Andrea, un jeune homme de son âge, et commence à penser à haute voix.

— On vit... comme des cons. On mange, on dort, on baise, on sort.
5 Encore et encore. Et encore... Chaque jour est l'inconsciente répétition du précédent : on mange autre chose, on dort mieux, ou moins bien, on baise quelqu'un d'autre, on sort ailleurs. Mais c'est pareil, sans but, sans intérêt. On continue, on se fixe des objectifs factices. Pouvoir. Fric. Gosses. On se défonce à les réaliser. Soit on ne
10 les réalise jamais et on est frustrés pour l'éternité, soit on y parvient et on se rend compte qu'on s'en fout. Et puis on crève. Et la boucle est bouclée. Quand on se rend compte de ça, on a singulièrement envie de boucler la boucle immédiatement, pour ne pas lutter en vain, pour déjouer la fatalité, pour sortir du piège. Mais on a peur.
15 De l'inconnu. Du pire. Et puis qu'on le veuille ou non, on attend toujours quelque chose. Sinon, on presserait sur la détente, on avalerait la plaquette de médocs, on appuierait sur la lame de rasoir jusqu'à ce que le sang gicle...
On tente de se distraire, on fait la fête, on cherche l'amour, on croit
20 le trouver, puis on retombe. De haut. On tente de jouer avec la vie pour se faire croire qu'on la maîtrise. On roule trop vite, on frôle l'accident. On prend trop de coke, on frôle l'overdose. Ça fait peur aux parents, des gènes de banquiers, de PDG, d'hommes d'affaires, qui dégénèrent à ce point-là, c'est quand même incroyable. Il y en a
25 qui essaient de faire quelque chose, d'autres qui déclarent forfait. Il y en a qui ne sont jamais là, qui ne disent jamais rien, mais qui signent le chèque à la fin du mois. Et on les déteste parce qu'ils donnent tant et si peu. Tant pour qu'on puisse se foutre en l'air et si peu de ce qui compte vraiment. Et on finit par ne plus savoir ce qui compte,
30 justement. Les limites s'estompent. On est comme un électron libre. On a une carte de crédit à la place du cerveau, un aspirateur à la place du nez, et rien à la place du cœur, on va en boîte plus qu'on ne va en cours, on a plus de maisons qu'on n'a de vrais amis, et deux cents numéros dans notre répertoire qu'on n'appelle jamais. On
35 est la jeunesse dorée. Et on n'a pas le droit de s'en plaindre, parce qu'il paraît qu'on a tout pour être heureux. Et on crève doucement dans nos appartements trop grands, des moulures à la place du ciel, repus, bourrés de coke et d'antidépresseurs, et le sourire aux lèvres.

Lolita Pille, *Hell*, Grasset, Paris, 2002, p. 101-104

5 **inconscient, e** unbewusst
6 **le jour précédent** le jour d'avant
7 **ailleurs** dans un autre lieu
8 **se fixer un objectif** sich ein Ziel setzen
9 **factice** = faux
10 **parvenir à** = arriver à
11 **la boucle est bouclée** le cercle est fermé
12 **singulièrement** particulièrement
13 **lutter** kämpfen
13 **en vain** unnütz
14 **déjouer** vereiteln
14 **la fatalité** = le destin
14 **le piège** Falle
16 **sinon** sonst
16 **presser sur la détente** auf den Abzug drücken
16 **avaler** schlucken
17 **une plaquette de médocs** *fam* un grand nombre de médicaments
17 **appuyer sur** drücken auf
17 **une lame de rasoir** *m* Rasierklinge
18 **gicler** spritzen
19 **tenter** essayer
19 **se distraire** s'amuser
21 **maîtriser** meistern
21 **frôler l'accident** avoir presque un accident
23 **le gène** Gen
25 **déclarer forfait** aufgeben
30 **s'estomper** unscharf werden, verschwimmen
31 **le cerveau** Gehirn
31 **un aspirateur** Staubsauger
34 **le répertoire** *hier :* Adressspeicher im Handy
35 **doré, e** → or
37 **une moulure** Zierleiste
38 **repu, e** qui a assez mangé

Paris à pied, à vélo, en métro

Autour du texte

1. Laquelle des phrases suivantes correspond au texte ?

    a. Dans ce texte, il s'agit des pensées d'une jeune fille qui vit dans la misère et trouve le monde et son destin personnel injustes.

    b. Dans ce texte, une jeune fille se plaint de ses parents qui lui interdisent toute sorte d'amusement et ne lui laissent presque pas de liberté.

    c. Dans ce texte, la protagoniste nous parle de la situation d'une génération qui a tout, mais qui manque d'amour, d'affection *(Zuneigung)* et de tendresse *(Zärtlichkeit)* et qui doute du sens de la vie.

    d. Dans ce texte, la jeune fille rêve d'une vie avec plus d'argent pour pouvoir s'amuser et se droguer comme ses amies.

2. Analysez l'état d'âme *(seelische Verfassung)* de Hell.

3. Précisez ce que la narratrice veut exprimer par la phrase suivante :
On a une carte de crédit à la place du cerveau, un aspirateur à la place du nez, et rien à la place du cœur, on va en boîte plus qu'on ne va en cours, on a plus de maisons qu'on n'a de vrais amis, et deux cents numéros dans notre répertoire qu'on n'appelle jamais. (l. 31 - 34)

4. Commentez l'attitude de la narratrice et dites si vous la partagez. Justifiez votre réponse.

Paris en danger, hier et aujourd'hui

Serge Reggiani, *Les loups sont entrés dans Paris* ▲

Avant l'écoute

1. Un titre étrange – à quoi vous attendez-vous en le lisant ?
2. Qu'est-ce que vous associez aux loups ?
3. Informez-vous sur l'année 1940 en France et notamment à Paris.

Et si c'était une nuit
Une nuit comme on n'en connut pas depuis cent mille nuits
Nuit de fer, nuit de sang, nuit…
Un chien hurle.
5 Regardez bien, gens de Denfert, regardez-le,
Son manteau de bronze vert, le lion,
Le lion tremble.

Les hommes avaient perdu le goût
De vivre, et se foutaient de tout
10 Leurs mères, leurs frangins, leurs nanas
Pour eux c'était qu'du cinéma
Le ciel redevenait sauvage,
Le béton bouffait l'paysage… d'alors

Les loups, ououh ! ouououh !
15 Les loups étaient loin de Paris
En Croatie, en Germanie
Les loups étaient loin de Paris
J'aimais ton rire, charmante Elvire
Les loups étaient loin de Paris.

20 Mais ça fait cinquante lieues
Dans une nuit à queue leu leu
Dès que ça flaire une ripaille
De morts sur un champ de bataille
Dès que la peur hante les rues
25 Les loups s'en viennent la nuit venue… alors

Les loups, ououh ! ouououh !
Les loups ont regardé vers Paris
De Croatie, de Germanie
Les loups ont regardé vers Paris
30 Cessez de rire, charmante Elvire
Les loups regardent vers Paris.

Et v'là qu'il fit un rude hiver
Cent congestions en faits divers
Volets clos, on claquait des dents
35 Même dans les beaux arrondissements
Et personne n'osait plus le soir
Affronter la neige des boulevards… alors

Deux loups ououh ! ouououh !
Deux loups sont entrés dans Paris
40 L'un par Issy, l'autre par Ivry
Deux loups sont entrés dans Paris

---

4 **hurler** heulen
5 **Denfert** *quartier du sud de Paris*
6 **le lion** *sur la place Denfert-Rochereau se trouve un grand lion en bronze.*
7 **trembler** zittern
10 **les frangins** *mpl fam* les frères et sœurs
10 **une nana** *fam ici :* une amoureuse
12 **redevenir** devenir de nouveau
13 **bouffer** *fam* manger
20 **une lieue** env. 4 km
21 **à queue leu leu** l'un derrière l'autre
22 **flairer** wittern
22 **la ripaille** *fam* grand repas
23 **un champ de bataille** Schlachtfeld
24 **hanter** umgehen
25 **s'en venir** venir
30 **cesser de faire** arrêter de faire
32 **rude** *ici :* = très froid
33 **cent congestions en faits divers** Hunderte von Lungenentzündungen in den Schlagzeilen
34 **le volet** Fensterladen
34 **clos, e** fermé
34 **claquer des dents** mit den Zähnen klappern
37 **affronter** die Stirn bieten
40 **Issy, Ivry** *deux communes situées dans le sud de l'agglomération parisienne*

Fiche 5.1 — Paris en danger, hier et aujourd'hui

Cessez de rire, charmante Elvire
Deux loups sont entrés dans Paris.

Le premier n'avait plus qu'un œil
45 C'était un vieux mâle de Krivoï
Il installa ses dix femelles
Dans le maigre square de Grenelle
Et nourrit ses deux cents petits
Avec les enfants de Passy... alors

50 Cent loups, ououh ! ouououh !
Cent loups sont entrés dans Paris
Soit d'par Issy, soit d'par Ivry
Cent loups sont entrés dans Paris
Cessez de rire, charmante Elvire
55 Cent loups sont entrés dans Paris.

Le deuxième n'avait que trois pattes
C'était un loup gris des Carpates
Qu'on appelait Carêm'-Prenant
Il fit faire gras à ses enfants
60 Et leur offrit six ministères
Et tous les gardiens des fourrières... alors

Les loups ououh ! ouououh !
Les loups ont envahi Paris
Soit d'par Issy, soit d'par Ivry
65 Les loups ont envahi Paris
Cessez de rire, charmante Elvire
Les loups ont envahi Paris.

Attirés par l'odeur du sang
Il en vint des mille et des cents
70 Faire carousse, liesse et bombance
Dans ce foutu pays de France
Jusqu'à c'que les hommes aient retrouvé
L'amour et la fraternité... alors

Les loups ououh ! ouououh !
75 Les loups sont sortis de Paris
Soit d'par Issy, soit d'par Ivry
Les loups sont sortis de Paris
J'aime ton rire, charmante Elvire
Les loups sont sortis de Paris
80 Tu peux sourire, charmante Elvire
Les loups sont sortis de Paris...

45 **un mâle** animal de sexe masculin
45 **Krivoï** ville en Ukraine
46 **la femelle** animal de sexe féminin
47 **maigre** *ici :* petit
47, 49 **Grenelle, Passy** quartiers de Paris
56 **la patte** la jambe d'un animal
58 **le carême** Fastenzeit
58 **un carême-prenant** personne déguisée
59 **faire gras** manger de la viande
61 **un gardien** → garder
61 **la fourrière** Tierheim
63 **envahir un lieu** in einen Ort einmarschieren
68 **attirer qn** anziehen, anlocken
68 **l'odeur** *f* Geruch
70 **faire carousse** faire la fête
70 **la liesse** grande joie
70 **la bombance** un repas où il y a beaucoup à manger

Autour du texte

1. Expliquez d'où viennent les loups, ce qu'ils font à Paris et comment ils se comportent là-bas.
2. Décrivez l'attitude des Parisiens avant l'entrée des animaux.
3. À l'aide du texte de la chanson, discutez la thèse qui affirme que les loups représentent les nazis occupant Paris en 1940.
4. Les Allemands entrent dans Paris en été 1940, les loups envahissent la capitale en hiver. Expliquez ce décalage.

Paris en danger, hier et aujourd'hui

Paris sous l'Occupation ▲

L'arrivée des Allemands

Aux aurores du 14 juin 1940, deux camions chargés de soldats allemands et quelques motocyclettes entrent par la Porte de la Villette dans Paris, déclaré « ville ouverte ». À 5 h 35, des troupes vert-de-gris
5 sont aperçues descendant l'avenue de Flandre en direction des gares du Nord et de l'Est. Une heure plus tard, les Allemands sont aux Invalides. À 7 h 30, place de la Concorde, le général von Stunitz descend de voiture et s'engouffre dans l'Hôtel de Crillon. C'est le nouveau commandant militaire de la région parisienne.

10 Dans la matinée, un drapeau géant à croix gammée flotte sous l'Arc-de-Triomphe (il sera retiré dans la soirée, après protestation des conseillers municipaux), le premier défilé des troupes occupantes a lieu sur les Champs-Élysées. La capitale est saisie de stupeur.

« L'agonie de Paris se passa dans le calme... Il n'y eut aucune tentative
15 de réaction de la population civile. Il n'y eut rien du tout. Il y eut apathie. La population parisienne, au moins ce qu'il en restait, fit montre d'une indifférence totale » [1], témoigne le Colonel Groussard [2]. Indifférence pas si totale puisque le Colonel ajoute :
« À Belleville, comme à Pigalle, à Ménilmontant comme aux Champs-
20 Élysées, les officiers et hommes de troupe allemands étaient sans cesse accostés et partout par des badauds appartenant à toutes les classes de la société, qui riaient avec l'ennemi et lui offraient leurs services à propos de n'importe quoi ».

Si certains applaudissent et rient, d'autres, pris d'un sentiment
25 d'horreur, ne cachent pas leurs larmes. « Le 14 juin, ils étaient bien là. Je me reverrai, jusqu'à mon dernier jour, seule sur le trottoir du boulevard Haussmann, à 8 heures du matin, me rendant à mon bureau. Ils défilaient impeccables, regardant droit devant eux, ignorant tout ; à midi, ils défilaient, le soir, ils défilaient, le lendemain, le surlendemain,
30 ils défilaient ! Avec horreur, nous les regardions. » témoigne Violette Wassem. Une autre, anonyme, « Je me suis effondrée sur un banc en pleurant. Une commère, l'air fermé, impassible, m'a dit : Ne pleurez pas tant, ma petite dame. Ça leur ferait trop plaisir » [3].

---

2 **l'aurore** f le début de la journée
2 **charger de** beladen mit
3 **la motocyclette** Motorrad
8 **s'engouffrer** disparaître
10 **la croix gammée** Hakenkreuz
10 **flotter** flattern
11 **retirer** enlever
12 **un conseiller municipal** Mitglied des Stadtrates
12 **occupant, e** Besatzungs...
12 **avoir lieu** se passer
13 **saisir** prendre
13 **la stupeur** Bestürzung
14 **la tentative** Versuch
17 **faire montre de** montrer
17 **l'indifférence** f Gleichgültigkeit
17 **témoigner** → le témoignage
20 **sans cesse** sans arrêt
21 **accoster qn** aborder
21 **un badaud** Schaulustiger
21 **appartenir à** zu etw/jdm gehören
23 **n'importe quoi** egal, was
28 **impeccable** tadellos
31 **s'effondrer sur** sich auf etw fallen lassen
32 **une commère** ici : femme

Paris en danger, hier et aujourd'hui

35 Un ouvrier métallurgiste raconte l'enthousiasme débordant d'une spectatrice :
« J'étais à Paris le 14 juin. Ce que j'en pense ? Pourrai jamais oublier. J'ai pris mon vélo, histoire de faire un tour. J'ai fait tout le 8ᵉ, le 6ᵉ, le centre, le 9ᵉ et le 10ᵉ, et un peu de banlieue. Alors, voilà : dans les
40 quartiers riches, rien, pas un chat ; toutes les fenêtres bouclées, le 16ᵉ surtout. Dans les quartiers populaires, du monde…
À midi, on fraternisait avec les Fridolins. Y en avait même qui allaient un peu fort. Rue Lafayette, pendant le défilé, une grosse bonne femme pouvait pas tenir en place. Elle arrêtait pas : « Oh ! Qu'y sont
45 beaux ! Et ces chevaux ! Ah ! ils avaient pas mangé depuis dix ans, voyez-moi ça ces beaux hommes ! Et ces canons ! Et ces motos ! Ah ! Ils avaient pas d'essence ? Et pas de matériel ? On s'est foutu de nous ! »
À la fin, je voyais qu'elle allait applaudir. J'ai été obligé de lui dire :
50 Dites donc, la petite mère, Tenez-vous un peu ! Y a des gars qui sont morts… » [4]

Pour beaucoup, pour le « petit peuple » de Paris, c'est l'expression de la rancœur à l'égard d'un gouvernement en débandade qui les a laissés à l'abandon, et du dépit d'avoir été trompés. Trompés par
55 la propagande française qui, pendant des mois, avait fait passer le message que l'armée allemande manquait de tout, d'essence comme de nourriture, de vêtements comme de munitions, et qu'il n'y avait donc rien à craindre d'hommes nourris au « pâté de harengs sans harengs » et à « l'omelette sans œufs ».
60 Ébahi, le Parisien découvre ce 14 juin l'ampleur du mensonge. Ce ne sont pas de pauvres hères, amaigris et vêtus de loques comme ils s'y attendaient, mais des soldats propres et bien rasés, manifestement bien portants, impeccablement habillés, qui défilent en bon ordre devant leurs yeux. […]

65 **Les tracas des Parisiens**

Le premier sujet d'embarras sera les transports. Le service d'autobus ayant été supprimé, voitures particulières et taxis ayant disparu en raison des rationnements de carburant, le métro est bondé. Et le couvre-feu étant à minuit, il ne faut pas rater le dernier métro qui part
70 à 23 heures du terminus, au risque de devoir passer la nuit dans un commissariat ou… un cabaret. [La situation du métro s'aggravera le 11 janvier 1943 avec la fermeture de 30 stations, par économie.] Pour suppléer à ce problème, on verra apparaître tout au long de la guerre, une infinie variété de nouveaux moyens de transport.
75 Pour remplacer les taxis, les fiacres à cheval du début du siècle sont remis en service. Ils sont sévèrement concurrencés par les vélos-taxis, bien moins chers, qui rencontrent un grand succès. Pour remplacer l'automobile, la bicyclette se fait reine, toute la ville pédale. […]

Le second sujet de tracas, le chauffage, apparaîtra avec l'arrivée
80 de l'hiver, et le premier de la guerre fut rigoureux. Le charbon est sévèrement rationné dès janvier 1941. […]

---

35 **un ouvrier métallurgiste** Metallarbeiter
35 **débordant, e** überschwänglich
40 **bouclé, e** *fam* fermé, e
42 **fraterniser** sympathiser
42 **les Fridolins** *m fam péj.* Allemands
42 **aller un peu fort** etw. zu weit gehen
46 **la moto** *fam* motocyclette
47 **l'essence** *f* Treibstoff
50 **se tenir** *ici:* sich benehmen
50 **un gars** *fam* un jeune homme
53 **la rancœur** Verbitterung
53 **à l'égard de** gegenüber
53 **en débandade** in Auflösung befindlich
54 **laisser qn à l'abandon** *ici :* laisser seul
54 **le dépit** Verdruss
54 **tromper qn** ne pas lui dire la vérité
57 **la nourriture** Nahrung
57 **nourrir** → nourriture
58 **le pâté de harengs** *m* Heringspastete
60 **l'ampleur** *f* Ausmaß
60 **le mensonge** → mentir
61 **un pauvre °hère** ein armer Teufel
61 **amaigri, e** abgemagert
61 **vêtu, e de** habillé en
61 **les loques** *fpl* Lumpen
63 **bien portant, e** en bonne santé
65 **les tracas** *m* les difficultés
66 **un embarras** une difficulté
67 **supprimer** einstellen
67 **particulier** *ici :* privé
68 **le rationnement de carburant** Treibstoffrationierung
68 **bondé** plein
69 **le couvre-feu** Ausgangssperre
70 **le terminus** Endstation
71 **s'aggraver** → grave
73 **suppléer à qc** einer Sache abhelfen
74 **infini, e** énorme
74 **la variété** → varier
75 **un fiacre** Kutsche
76 **remettre en service** wieder einsetzen
76 **sévèrement** durement
78 **la reine** la femme du roi
78 **pédaler** aller en vélo
80 **rigoureux, euse** dur

Paris en danger, hier et aujourd'hui

Enfin, le dernier casse-tête, et non le moindre, est la queue. […]
Les années passant, chaque rationnement deviendra plus dur.
Des produits sont tout simplement interdits, comme le café. Ce à
85 quoi il faut ajouter la très méchante gestion du rationnement par
les administrations françaises… […] Le ravitaillement deviendra
l'obsession numéro un du Parisien. Une économie « souterraine »
va très rapidement se mettre en place pour répondre aux fortes
attentes, avec toute la force du génie français tel qu'on le connaît.
90 Là, plus qu'ailleurs, le « système D » va faire ses preuves de créativité.
Que vous ayez besoin de tabac ou d'un nouveau costume, inutile
d'attendre du marché officiel.

L'un des problèmes qui alimentent la pénurie est que les prix ont été
bloqués par les autorités allemandes dès le 14 juin 1940. Beaucoup
95 de commerçants, espérant un plus juste bénéfice, vont ainsi créer un
marché parallèle, un marché de fond de boutique. Ce n'est pas que
le produit manque, c'est qu'ils ne veulent pas le vendre proche de
la perte. […] Ce qu'on appelle le « marché noir » n'est pas l'affaire
exclusive de quelques trafiquants mafieux, c'est toute la société qui y
100 participe. […]

82 **un casse-tête** un problème
83 **le ravitaillement** Lebensmittelversorgung
87 **l'obsession** f l'idée fixe
90 **le système D** fam Drehs und Kniffe
93 **alimenter** ici : vergrößern
93 **la pénurie** le manque (Mangel)
95 **le bénéfice** le profit
98 **la perte** → perdre
99 **un trafiquant** ici : Schwarzhändler

[1; l. 17] Gérard Walter. "La vie à Paris sous l'occupation, 1940-1944".
Armand Colin, Collection Kiosque dirigée par Jean Pinet, 1960.
[2; l. 18] Georges Groussard, né en 1891 et décédé en 1980, connu sous le nom de
colonel Groussard, fut un résistant français. En juin 1940, il était chef d'état-major
de la région de Paris.
[3; l. 33] *La Révolution Nationale.* 9 novembre 1941.
[4; l. 51] *La Gerbe.* 11 juillet 1940.

Extraits du texte « Paris sous l'Occupation » rédigé par Laurent Gloagen et posté sur son site personnel http://embruns.net
dans la rubrique « Miscelanées »

Autour du texte

Imaginez la situation suivante : Un copain/Une copine, qui, hélas !, n'a pas appris le français, vous écrit un mail et vous demande si vous avez des informations sur la vie quotidienne en France sous l'Occupation allemande. Heureux d'avoir le présent texte, vous passez, également par mail, ses informations principales à votre ami/e, mais, bien sûr, en allemand pour qu'il/elle puisse les comprendre.

Comment procéder ?

1. Lisez le texte plusieurs fois jusqu'à ce que vous soyez sûrs de l'avoir bien compris.
2. Marquez les informations qui vous semblent les plus importantes.
3. Reformulez l'essentiel du texte français en allemand sans traduire littéralement *(wörtlich)* les phrases.
4. Vous pouvez commenter vos explications si vous le désirez (p. ex. : *Das erscheint mir wichtig. Sehr interessant finde ich auch…* etc.).

Paris en danger, hier et aujourd'hui

Paul Eluard, *Courage* ▲

Paris a froid Paris a faim
Paris ne mange plus de marrons dans la rue
Paris a mis de vieux vêtements de vieille
Paris dort tout debout sans air dans le métro
5 Plus de malheur encore est imposé aux pauvres
Et la sagesse et la folie
De Paris malheureux
C'est l'air pur c'est le feu
C'est la beauté c'est la bonté
10 De ses travailleurs affamés
Ne crie pas au secours Paris
Tu es vivant d'une vie sans égale
Et derrière la nudité
De ta pâleur de ta maigreur
15 Tout ce qui est humain se révèle en tes yeux
Paris ma belle ville
Fine comme une aiguille forte comme une épée
Ingénue et savante
Tu ne supportes pas l'injustice
20 Pour toi c'est le seul désordre
Tu vas te libérer Paris
Paris tremblant comme une étoile
Notre espoir survivant
Tu vas te libérer de la fatigue et la boue
25 Frères ayons du courage
Nous qui ne sommes pas casqués
Ni bottés ni gantés ni bien élevés
Un rayon s'allume en nos veines
Notre lumière nous revient
30 Les meilleurs d'entre nous sont morts pour nous
Et voici que leur sang retrouve notre cœur
Et c'est de nouveau le matin un matin de Paris
La pointe de la délivrance
L'espace du printemps naissant
35 La force idiote a le dessous
Ces esclaves nos ennemis
S'ils ont compris
S'ils sont capables de comprendre
Vont se lever.

Paul Eluard, extrait de *Au rendez-vous allemand*
© Éditions de Minuit, Paris 1945

5 **imposer** auferlegen, aufzwingen
6 **la sagesse** Weisheit
6 **la folie** → fou/fol/folle
10 **affamé, e** qui souffre de la faim
12 **sans égal, e** unique, extraordinaire
13 **la nudité** → nu, e
14 **la pâleur** Blässe
14 **la maigreur** Magerkeit
15 **se révéler** apparaître
17 **une aiguille** Nadel
17 **une épée** Schwert
18 **ingénu, e** arglos
18 **savant, e** → savoir (Weise)
19 **supporter** tolérer, accepter
19 **l'injustice** f ≠ la justice
20 **le désordre** ≠ l'ordre m
22 **trembler** zittern, *ici* : flackern
24 **la boue** Dreck, Schlamm
26 **casqué, e** → le casque
27 **botté, e** in Stiefeln
27 **ganté, e** mit Handschuhen
28 **un rayon** Lichtstrahl
28 **la veine** Ader
33 **la pointe** *ici* : le début
33 **la délivrance** la libération
35 **avoir le dessous** unterlegen sein

Paris en danger, hier et aujourd'hui

Autour du texte

1. Indiquez les thèmes principaux évoqués dans le poème d'Éluard.
2. En tenant compte des figures stylistiques, analysez la relation entre le narrateur et la ville de Paris.
3. Étudiez de façon détaillée l'image que le poème donne des ennemis.
4. En partant du texte, expliquez le message contenu dans le poème.

Au-delà du texte → Fiche 5.7

Menez une discussion sur le rôle et l'influence possibles de la littérature, des beaux-arts, de la musique pour une nation qui vit une situation pénible comme la dictature ou l'occupation par un pays ennemi.

Paris en danger, hier et aujourd'hui

Louis Aragon, *Paris* ▲

Où fait-il bon au cœur de l'orage
Où fait-il clair même au cœur de la nuit
L'air est alcool et le malheur courage
Carreaux cassés l'espoir encore y luit
5 Et les chansons montent des murs détruits

Jamais éteint renaissant de sa braise
Perpétuel brûlot de la patrie
Du Point-du-Jour jusqu'au Père-Lachaise
Ce doux rosier au mois d'Août refleuri
10 Gens de partout c'est le sang de Paris

Rien n'a l'éclat de Paris dans la poudre
Rien ne n'est si pur que son front d'insurgé
Rien n'est si fort ni le feu ni la foudre
Que mon Paris défiant les dangers
15 Rien n'est si beau que ce Paris que j'ai

Rien ne me fait battre le cœur
Rien ne m'a fait ainsi rire et pleurer
Comme ce cri de mon peuple vainqueur
Rien n'est si grand qu'un linceul déchiré
20 Paris Paris soi-même libéré

in : M. Wodsak : Poetischer Parisführer, Wissenschaftliche Buchgesellschaft, Darmstadt 1994, S. 32

4 **un carreau** *ici :* Fensterscheibe
4 **luire** leuchten
6 **renaître** naître de nouveau, recommencer à vivre
6 **la braise** Glut
7 **perpétuel, le** qui dure, ne s'éteint pas
7 **le brûlot** *ici :* le feu, la flamme
9 **un rosier** Rosenstrauch
9 **refleurir** → la fleur
11 **l'éclat** *m* Glanz, Helligkeit
11 **la poudre** *ici :* Pulverdampf
12 **pur, e** clair, honnête, sincère
12 **le front** *ici :* la tête
12 **un insurgé** un rebelle
13 **la foudre** Blitz
14 **défier** trotzen
18 **le vainqueur** Sieger
19 **le linceul** Leichentuch
19 **déchirer** zerreißen

Autour du texte

1. Exposez brièvement à quel moment de l'Occupation ce poème se réfère.
2. Caractérisez le Paris évoqué par le narrateur.
3. De quels moyens stylistiques Aragon se sert-il pour souligner son message. → Fiches 1.7 et 2.12
4. Comparez le poème d'Aragon à celui d'Éluard (Fiche 5.4).

Recherche Internet   Online-Link : 597086-011

1. Qu'est « l'Affiche rouge » ? Que voit-on sur cette affiche ? Quand a-t-elle été publiée et pourquoi ? Que ressentez-vous en regardant cette affiche ? Cherchez des informations biographiques sur Missak Manouchian.

2. Louis Aragon a écrit un poème intitulé « l'Affiche rouge ». Cherchez ce poème sur Internet et lisez-le. Quelles paroles rapporte-t-il ? Quel est le ton de ce poème ?

Paris en danger, hier et aujourd'hui

Fiche 5.5

6 Pow woW, *Zombies dans Paris* ▲

Il y a des zombies dans Paris
Qui sortent de leur trou quand revient la nuit
Il y a des zombies dans Paris
Rien n'est plus pareil quand ils ont fini

5 On peut les voir sur les grands boulevards
Oui mais il faut vraiment le vouloir
Ils sont discrets et rasent les trottoirs
Un beau jour ils raseront le petit square

Et ils démolissent rue du Bac, place de Clichy
10 *Et de la rue des Dames à la Maison de la Radio*
Et de Bastille jusqu'à Pigalle
Il y a des zombies dans Paris

Où est le bistrot du coin de la rue ?
Hier encore moi j'y suis venu
15 Et ce matin je n'ai rien reconnu
Pas de doute les zombies sont revenus

Un très vieux zombie dit à un tout petit:
« Tu vois quand comme toi j'étais tout petit,
Paris ressemblait encore à Paris,
20 Je me demande si ça n'était pas plus joli ! »

Refrain

Il y a des zombies dans Paris
On murmure qu'ils se cachent
Où ça ? À la mairie
25 Du nord au sud zombies dans Paris
Ho ho ho ! Yeh yeh yeh !

Mais les zombies aiment tellement le progrès
Les zombies ont tellement de bonnes idées
Qu'un beau matin ils ont décidé
30 Que bientôt tout Paris disparaîtrait !

Refrain (x2)

Avant l'écoute

1. Qu'est-ce qu'un « zombie » ?
2. Qui pourraient être les « zombies dans Paris » ?

Après l'écoute → Fiche 1.3

Caractérisez la musique de la chanson. Dites si elle vous plaît. Justifiez votre point de vue.

Autour du texte

1. Exposez brièvement le problème dont il est question dans la chanson.
2. Caractérisez les « zombies » d'après le texte.

---

4 **pareil, le** gleich – 7 **raser** passer près ; détruire – 9 **démolir** détruire – 23 **murmurer** dire à voix basse – 27 **le progrès** Fortschritt

Paris en danger, hier et aujourd'hui

Lexique de la discussion et du commentaire personnel

Se référer au point de vue de l'auteur d'un texte
L'auteur
- constate / remarque / note que…
- prétend / affirme que…
- pense / croit / est d'avis que…
- demande / réclame / exige / suggère qc / que… *(+ subj.)*

Exprimer son accord
Je suis tout à fait d'accord avec…
Je partage l'opinion de… quand il / elle…
J'approuve X quand il affirme que…
Je trouve bien / important / justifié que…. *(+ subj.)*
Cet argument m'a convaincu(e) / me paraît convainquant
L'auteur a raison de penser / souligner / d'affirmer que…

Exprimer son désaccord
Je ne suis pas (du tout) d'accord avec…
Je ne partage pas l'avis de…
Je n'accepte pas qc / que… *(+ subj.)*
Je désapprouve qc
Ce que je critique, c'est (que)…
Je reproche qc à qn / à qn de…*(+ inf.)*
Je rejette / l'idée selon laquelle…
Cet argument me paraît faible / peu convainquant…

Avancer des arguments
Afin d'illustrer mon point de vue / opinion, j'aimerais avancer les arguments suivants…
Une des raisons pour lesquelles je… est que…
Ce qui importe, pour moi, c'est…
Un autre point / aspect qui me semble pertinent, c'est… / concerne…
J'ajouterais / j'aimerais ajouter que…
Pour moi, le point le plus important est…

Faire des concessions
Jusqu'à un certain point / degré, je partage / j'accepte…
Il ne faut cependant pas oublier que….
Certes,… , mais…
Il est vrai que…, mais…
Je suis d'accord sur le principe, mais…
Personnellement, je n'irais pas jusqu'à dire que…
Même si…, j'admets que…
Malgré cela, je pense que…
J'en conviens, mais…

Conclure
En conclusion,… / En résumé,… / Tout compte fait,… / Finalement,…
Pour conclure, je pense… / je trouve…
Pour terminer, il semble possible / légitime de dire que…
Je conclurai en disant que…

Exprimer son point de vue de manière explicite
Je trouve / crois / pense que Paris…
À mon avis, les habitants de la Capitale…
Je suis convaincu(e) / persuadé(e) que l'administration…
Je suis d'avis que le maire de Paris…
Je suis sûr(e) que l'aménagement d'un quartier…
Selon moi / D'après moi, pour arriver à une solution convaincante…
Quant à moi / Pour ma part, je pense / crois que le Paris de demain…
Personnellement, je ne comprends pas pourquoi…
D'après ce que je sais, notre génération…

Exprimer son point de vue de manière implicite
Bien sûr, personne ne veut…
Evidemment, tout le monde attend…
Naturellement, les responsables politiques essaient alors de…
Sans aucun doute, la plupart des Parisiens…
Heureusement, nos hommes politiques semblent avoir compris que…
Malheureusement, beaucoup de gens…
Curieusement, la discussion n'aborde pas la question de savoir…

Paris en danger, hier et aujourd'hui

« Paris : Pourquoi sauvegarder les vieux quartiers populaires ? »

Après avoir saccagé trois de ses plus vieux quartiers – les Halles, le faubourg Saint-Antoine, les Gobelins et le reste du 13ᵉ – la ville de Paris poursuit le massacre du vieux Paris, à un rythme qui va en s'accélérant :
5 Alors qu'en 1988 près de 700 permis de démolir étaient accordés, le nombre des permis de démolir passait à plus de 900 en 1990, et il atteignait 1.200 en 1992 ! C'est aujourd'hui à l'est de Paris – aux quartiers de Belleville, Ménilmontant, Charonne, dans le 20ᵉ mais aussi à celui de la Roquette dans le 11ᵉ, pour ne citer que ceux-là – que s'en
10 prennent les sociétés d'économies mixtes gérées avec la plus grande opacité par les maires d'arrondissements. Certaines rues ou certains îlots donnent pratiquement l'impression de sortir de la guerre : ce sont des blocs entiers qui ont été rasés, comme s'ils avaient été bombardés ! Ailleurs, comme rue des Partants et rue Gasnier-Guy, quartier de
15 Ménilmontant particulièrement éprouvé, le spectacle est hallucinant : Une maison sur deux a disparu, celles qui demeurent étant soutenues par des étais ; elles menacent effectivement de s'écrouler, depuis que les maisons voisines ont été détruites. C'est la technique de la « dent creuse », appliquée systématiquement par les services de la ville de Paris.
20 Souvent, les terrains vagues ainsi créés de toutes pièces deviennent des terrains d'ordures, que les habitants des immeubles voisins doivent supporter pendant trois ans, quatre ans, parfois dix ans et plus, jusqu'à la réalisation du « projet d'aménagement ». […]

Une rage de destruction

25 Comment expliquer cette rage de destruction, ce mépris des architectes d'aujourd'hui pour l'architecture du siècle passé ? Même les animateurs des associations de défense et de protection des vieux quartiers de Paris admettent volontiers qu'un architecte veuille faire une « œuvre », laisser une « empreinte », comme un sculpteur ou un peintre...
30 Les responsables sont les administrateurs de la ville, pour qui cette architecture du 19ᵉ siècle ne rentre pas dans le catalogue des œuvres à conserver, dans le « Patrimoine ».
La notion de « patrimoine » – « ce qui est considéré comme l'héritage commun » – a été institutionnalisée par la France avec le décret de 1837
35 mettant en place la première « commission des monuments historiques ». Ces monuments comprenaient, dans l'esprit de l'époque, les vestiges de l'antiquité, les édifices religieux du Moyen-Âge, et quelques châteaux. La notion de patrimoine architectural n'a pratiquement pas évolué pendant plusieurs décennies, et elle ne s'est guère étendue en
40 dehors de l'Europe occidentale. […]

Une nouvelle conception de la notion de patrimoine

[…] Simultanément, l'idée même de patrimoine architectural évolue pour ne plus protéger uniquement un édifice, mais un îlot, un quartier, éventuellement l'ensemble d'une ville : En 1976, l'UNESCO adopte à
45 Nairobi une « recommandation concernant la sauvegarde des ensembles historiques et traditionnels et leur rôle dans la vie contemporaine ». […]
La notion de « tissu urbain » est donc introduite dans le concept de

---

1 **sauvegarder** schützen
2 **saccager** détruire
4 **s'accélérer** devenir plus rapide
5 **le permis** → permettre
5 **démolir** détruire
5 **accorder** bewilligen
9 **s'en prendre à** in Angriff nehmen
10 **gérer** verwalten
11 **l'opacité** f l'obscurité f
13 **raser** démolir
14 **ailleurs** anderswo
15 **éprouver** ici: heimsuchen
15 **hallucinant** extraordinaire
16 **demeurer** rester
16 **soutenir** stützen
17 **un étai** Stützbalken
17 **s'écrouler** einstürzen
19 **creux, euse** hohl
20 **un terrain vague** unbebautes Gelände
21 **les ordures** f Abfall
23 **un projet d'aménagement** m Stadtbauprojekt
25 **la rage de destruction** f Zerstörungswut
25 **le mépris** Verachtung
26 **un animateur** ici : Leiter
27 **la protection** Schutz
28 **admettre** reconnaître
28 **volontiers** sans problème
29 **une empreinte** Stempel
29 **un sculpteur** Bildhauer
30 **un administrateur** Verwalter
33 **un héritage** Erbe
37 **un vestige** ce qui reste
37 **un édifice** un bâtiment
38 **une notion** une idée
39 **évoluer** changer
39 **une décennie** période de dix ans
39 **ne… guère** kaum
39 **s'étendre** sich verbreiten
42 **simultanément** en même temps
43 **protéger** → la protection
43 **un îlot** ici: bloc de maisons
44 **adopter** accepter
45 **une recommandation** Empfehlung
47 **un tissu urbain** Stadtgefüge

patrimoine. En France, la « loi Malraux » sur les secteurs sauvegardés institutionnalise la protection des quartiers historiques. Mais cette loi a
50 ses effets pervers : elle protège les « quartiers-musées » – le Marais, à Paris, la vieille ville d'Avignon – et autorise la destruction des quartiers moins anciens, moins historiques, moins monumentaux. Un certain passé est protégé – mais ce passé s'arrête autour de 1850 : la France officielle manifeste un désintérêt total pour ce qui a été construit après – la Gare
55 d'Orsay n'a été sauvée que de justesse, et les Halles de Baltard ont été détruites – et c'est seulement en 1986 que la France crée une « section du patrimoine industriel » [...]
Pourquoi certains quartiers populaires de Paris ont-ils pu être sauvés - pourquoi Montmartre a-t-il été préservé quand la Goutte d'or et
60 Ménilmontant ont été massacrés ? Les références sociales et historiques sont différentes : À Montmartre la population est presque entièrement française et l'existence, sur une petite surface, d'ateliers où ont vécu des artistes célèbres (Dufy, Modigliani, Picasso, etc.) ajoute une certaine valeur à ce quartier. Cela n'a pas empêché la destruction du Bateau-
65 Lavoir en 1970. Mais le Moulin de la Galette a été préservé grâce à la mobilisation des habitants du quartier. « Pour contester une politique d'urbanisme destructeur », souligne Faraone Bogazzi, « il faut qu'il y ait des gens qui s'engagent... Mais le plus souvent, les gens ne réagissent que lorsqu'ils sont personnellement lésés ». Faudra-t-il attendre que
70 certains quartiers de Paris soient entièrement rasés pour qu'on donne enfin ses lettres de noblesse à une architecture « populaire » du 19e siècle qui avait conçu un habitat urbain à l'échelle de l'individu, adapté aux collines, aux ruisseaux et aux jardins de Paris [1] ?

[1] Voir *Belleville, Belleville, Visages d'une Planète*, sous la direction de Françoise Morier, Creaphis, Paris 1994.

Droits de reproduction strictement réservés © Chris Kutschera 2002
http://www.chris-kutschera.com/Patrimoine%20Paris.htm

48 **la loi Malraux** *loi de 1962 de l'ancien ministre des affaires culturelles André Malraux*
54 **la gare d'Orsay** *aujourd'hui le musée d'Orsay*
55 **sauver** retten
55 **de justesse** gerade noch
55 **les Halles de Baltard** *les anciennes Halles au centre de Paris*
60 **une référence** Bezug
62 **une surface** Fläche
64 **empêcher** verhindern
66 **contester** discuter
67 **l'urbanisme** *m* Städebau
67 **destructeur, trice** → détruire
69 **léser** *ici :* désavantager
71 **donner ses lettres de noblesse** berühmt machen
72 **concevoir** imaginer
72 **un habitat** Wohnumfeld
72 **à l'échelle de** pour
72 **adapté, e à** angepasst an
73 **une colline** Hügel
73 **un ruisseau** Wasserlauf

Autour du texte

1. Quel est le sujet du texte ?
2. Présentez la situation actuelle à Paris selon l'auteur.
3. Expliquez pourquoi l'auteur a des problèmes avec la notion de patrimoine.
4. Précisez ce que l'auteur entend par un « quartier-musée ».
5. Conserver le patrimoine ou pas ? Que faudrait-il faire d'après l'auteur ?

Au-delà du texte   → Fiches 5.5 et 5.6

À vous. Faut-il moderniser les villes anciennes même en démolissant des quartiers entiers ou faut-il les conserver telles quelles ? Dans un commentaire, pesez le pour et le contre.
   a. En tenant compte de la chanson de Pow woW *Zombies dans Paris* (Fiche 5.5), notez, dans un tableau, des arguments pour et d'autres arguments contre la démolition d'anciens quartiers.
   b. Développez votre point de vue personnel concernant la question de départ.
   c. À l'aide des mots et expressions de la fiche 5.6, rédigez un premier texte au brouillon *(Entwurf)*.
   d. Relisez et corrigez ce brouillon. Faites attention au caractère logique de votre argumentation. Structurez le texte en paragraphes.
   e. Rédigez le texte définitif.

Solutions

Chapitre 1

Fiche 1.1

Après la première écoute
1. **les personnes** : les balayeurs ; les travestis ; les stripteaseuses ; les amoureux ; les ouvriers ; les boulangers
les lieux : la place Dauphine ; la place Blanche ; le boulevard Montparnasse ; la tour Eiffel ; l'Arc de Triomphe ; l'Obélisque
2. Paris au petit matin / à l'aube.

Autour du texte
Paris et ses habitants se réveillent. Ce sont les matinaux. La vie reprend son cours après les festivités nocturnes. Les noctambules, tel le narrateur, vont se coucher et sont décalés par rapport aux gens qui travaillent. Mais contrairement aux autres noctambules, le narrateur n'a pas envie de dormir.

Fiche 1.4

Après l'écoute (sans le texte de la chanson)
Lève-tôt et couche-tard se rencontrent dans le premier métro. Ils pensent du mal l'un de l'autre.

Autour du texte
1. En fait, le lève-tôt et le couche-tard se ressemblent, ils ont tous les deux le cafard. L'un parce qu'il recommence chaque matin une vie inintéressante. L'autre parce qu'il boit pour oublier ses problèmes.
Quand il rentre du travail, le lève-tôt n'a qu'une envie: rester chez lui et regarder la télé. Le couche-tard vit la nuit, dans les bars, où il essaie de trouver des amis, mais comme il boit trop, ses tentatives restent vaines.
5. Le métro est le seul endroit où ces deux types d'homme peuvent se rencontrer. L'un commence sa journée, l'autre la termine.
6. Les deux chansons sont assez ironiques, elles brossent le portrait assez triste de la vie des Parisiens. Le narrateur de « Paris s'éveille » décrit le réveil difficile du Paris endormi et de ses travailleurs (« les ouvriers sont déprimés »). Les personnages de la chanson de Bénabar sont malheureux, chacun à sa manière. Le couche-tard parce qu'il ne supporte pas d'être seul chez lui le soir et va noyer son malheur dans les bars. Le lève-tôt parce qu'il n'a apparemment pas d'autres activités que celle de travailler et de regarder la télé.

Fiche 1.6

Avant la lecture
1. En lisant les premiers mots « Pierre et », on attend un autre prénom après celui de « Pierre » comme « Pierre et Marlène s'aiment pour la vie » par exemple. Puis, lorsqu'on a lu toute la phrase, on comprend que celui qui l'a écrite a fait une faute dans l'orthographe du verbe « être » qui devrait écrit « est ».

Autour du texte
2. a. On peut voir dans la faute d'orthographe une sorte de signe supplémentaire de la solitude de Pierre. « Pierre et... ? seul avec sa solitude. ». Celui qui connaît la bonne orthographe du verbe peut réagir en disant « C'est tout de même terrible de faire une faute pareille! ». Mais comme le message de la phrase est très triste, on peut avoir de la pitié pour l'auteur de cette phrase.
b. Cette phrase, parce qu'elle est pathétique, peut déranger. Elle signale le désespoir de quelqu'un qui n'a probablement ni ami, ni travail, ni maison et qui n'a d'autre recours que d'écrire/de crier sa solitude sur un mur.
c. De nos jours, dire « pour la vie » peut paraître ridicule parce que peu de choses durent une vie entière. Mais dans ce contexte, sur le mur d'un tunnel piétonnier, ces mots sont tout simplement tristes.

Fiche 1.7

1. 1 e ; 2 f ; 3 b ; 4 g ; 5 c ; 6 d ; 7 a ; 8 h

Fiche 1.8

Avant l'écoute
1. de vitesse *en allant vite* – pur *super, extraordinaire* – le petit dèj' *Frühstück* – une occasion *(aus dem Engl. abzuleiten) Gelegenheit* – le veto *(aus dem Deutschen abzuleiten) Veto* – la vie d'affaires *Geschäftsleben* – prendre de l'âge *älter werden* – une vie tracée *(evtl. aus dem Deutschen Trasse abzuleiten) vorgezeichneter Lebensweg* – checker *(aus dem Engl. to check abzuleiten) beobachten* – un tournant *(aus dem Engl. to turn abzuleiten) Wende* – être pressé *hier: es eilig haben* – le teint *(aus dem Deutschen) Gesichtsfarbe* – le ciment *(aus dem Deutschen) Zement* – fleurir *(aus dem Franz. fleur abzuleiten) blühen*

Solutions

Après l'écoute

1. Il travaillait 40 heures par semaine depuis quatre ans, avait des horaires définis et des chefs qu'il appréciait peu. Il passait ses journées enfermé, probablement dans un bureau, et n'avait jamais l'occasion de voir Paris dans la journée.
2. Sa vie est maintenant plutôt incertaine, il ne sait pas de quoi sera fait le lendemain. Il se réjouit simplement de pouvoir se consacrer à ses poèmes, au slam. Il sait que sa situation sociale s'est transformée mais cela lui est égal. Il est heureux de pouvoir vivre une vie où il y a de la place pour la liberté et la créativité.
3. L'auteur est réaliste, il remarque qu'il a changé, qu'il ne voulait plus mener une vie sans liberté où il se sentait en prison. Il a donc pris la bonne décision. Il est plein d'espoir et de curiosité par rapport à sa nouvelle vie. Il a l'intention de se donner le temps de flâner, de rencontrer des gens, de profiter de la vie de bohème.

Fiche 1.9 a.

Autour du texte

1. Le texte doit être dit *a capella* (sans musique) et sa récitation ne doit pas durer plus de trois minutes.
2. Il ne chante pas *a capella* et son slam dure plus de trois minutes.
3. Pour lui, le slam est « avant tout une bouche qui donne et des oreilles qui prennent. C'est le moyen le plus facile de partager un texte, donc de partager des émotions et l'envie de jouer avec des mots. » Le plus important donc, c'est la rencontre avec le public pour lequel il a écrit. Le slam n'est pas un moment de plaisir égoïste, c'est le partage qui compte le plus.

Fiche 1.9 b.

Autour du texte

1. Le slam est né à Chicago, aux Etats-Unis, vers le milieu des années 1980. C'est Marc Smith, un ouvrier-poète, qui a organisé les premières séances de slam dans sa ville. Le slam a eu du succès en France à partir du milieu des années 1990. Aujourd'hui beaucoup d'artistes de slam sont connus. Ils animent des ateliers d'écriture pour les jeunes.
2. + 3. Les scènes slam rassemblent des artistes et des publics de milieux sociaux différents mais ce brassage social ne dure que l'espace d'une soirée. Le slam est un moyen pour les jeunes en difficulté de se « réconcilier avec la langue française » et de développer leur sens poétique.

Fiche 1.10

Autour du texte

1. La chanson représente Paris mourant d'ennui en prison.
2. Paris va crever d'ennui parce que tous ses habitants se sont soumis à l'autorité. Tous les gens qui étaient intéressants dans le Paris d'autrefois (les mauvais garçons) ne sont plus en liberté. La majorité des Parisiens sont des gens trop calmes, des gardiens de prison ennuyeux.
3. Les folles nuits parisiennes n'existent plus, les quartiers où la vie était trépidante ont été pour la plupart détruits. La mairie en a fait des quartiers d'habitation pour gens normaux qui ne peuvent pas vivre la nuit car ils doivent travailler. Les hommes politiques imposent leurs lois et tout le monde obéit sans protester.
4. Le maire de Paris est désigné comme un « bandit » et un « salaud » (l. 10-11). Les responsables de la ville sont désignés comme les « bouffons » (l. 19) du « baron » (l. 20), le maire de Paris.
5. Arletty joue le rôle de Garance dans le film *Les Enfants du paradis* (1945). Elle est le personnage le plus libéré et le plus émancipé des « enfants du paradis ». Garance est « *la femme qui se fout de tout, qui rit quand elle a envie de rire, qui ne se laisse pas diriger par les pensées des autres* ». « *Je refuse qu'on m'impose des idées. Je suis indépendante et je prends les risques de l'indépendance* » dira-Arletty lors d'une interview. Il serait bon pour Paris qu'elle retrouve sa liberté et ne se laisse pas tyranniser.

Fiche 1.11

Autour du texte

a. 1. La lumière dans ce poème est parcellaire, c'est un champ de vision restreint qu'on a grâce au feu des allumettes. Cette lumière permet d'éclairer des détails, ici le visage, puis les yeux et enfin la bouche. Dans l'obscurité, quand on n'a plus d'allumettes, on a le souvenir de ce qu'on vient de voir et d'apprécier. Dans l'obscurité, un autre « sens » vient au secours des amoureux : le toucher (« en te serrant dans mes bras »).
2. l'allitération *f* (allumettes, allumées/ **v**oir **t**on **v**isage **t**out entier) ; l'assonance *f* (all**u**mettes **u**ne à **u**ne allumées dans la n**u**it) ; la répétition (voir, voir, voir) ; le parallélisme (La première pour / La seconde pour / La dernière / Et l'obscurité tout entière pour…).

Solutions

Fiche 1.12
2. 1. a.
1. un harmonica ; 2. un piano ; 3. une batterie ; 4. une contrebasse ; 5. une clarinette ; 6. un saxophone ;
7. une guitare électrique ; 8. un synthétiseur ; 9. un accordéon.
3. a. personnification ; b. parallélisme ; c. allitération et métaphore ; d. parallélisme ; e. antithèse (rencart/liberté) et personnification (de la liberté avec laquelle le narrateur a rendez-vous); f. assonance et allitération du phonème [aʒ]; g. allitération

Chapitre 2

Fiche 2.1
Après l'écoute
2. b. Dans la chanson de Bill Pritchard, le narrateur se souvient d'une histoire d'amour qui s'est passée à Paris. Entre-temps, le couple est séparé. Il est seul et tout lui semble triste maintenant à Paris.

Autour du texte
1. Dans le passé, le jeune couple était heureux et ne s'en rendait pas compte. C'était une évidence, ils étaient jeunes et ils s'aimaient. À présent, les deux personnages sont séparés, il reste des souvenirs concrets au narrateur, les déjeuners chez les parents, les balades dans les rues de Paris, le décor de la chambre où ils se retrouvaient.
2. Il est plein de mélancolie et regrette le temps du bonheur passé. Il ressent une grande solitude. Il regrette les moments de bonheur à deux.
3. La jeune femme/le jeune homme résidait dans un quartier bourgeois, à Montparnasse. Elle/Il allait au lycée dans ce quartier. Lui (le narrateur) habitait Place Pigalle, un quartier « bohème », moins chic. Ils n'avaient pas beaucoup d'argent, mais ils étaient libres. Ils aimaient tous les deux marcher dans les rues de Paris.

Fiche 2.2
Autour du texte
1. l'amour, la fin de l'amour, la fuite du temps, le bonheur qui suit au malheur
2. Le lieu évocateur de l'amour, l'endroit qui le fait se souvenir, c'est le pont Mirabeau à Paris. Le pont, statique, sous lequel coule l'eau, représente la douleur figée du poète «je demeure». Le pont peut être vu comme le symbole du passage de la vie à la mort, de l'amour à la rupture, mais aussi comme un lien fort et pérenne. L'eau peut être le symbole du temps qui passe inexorablement. La Seine rappelle au poète son amour perdu, en l'occurrence sa liaison avec la femme-peintre, Marie Laurencin.
3. Le pont Mirabeau a été construit entre 1893 et 1896 pour relier les quartiers d'Auteuil et de Passy, rive droite, avec ceux de Javel et de Grenelle, rive gauche. Apollinaire et Marie Laurencin passaient souvent sur le pont Mirabeau. La construction de ce pont avait causé à l'époque un scandale et certains Parisiens en avaient exigé la destruction. Mais le pont n'a pas été détruit, ce qui n'est pas sans importance dans le contexte du poème.
4. Dans une lettre à Madeleine Pagès (1915), le poète dit lui-même du poème qu'il est comme « *la chanson triste de cette longue liaison brisée* ».
– Le poème est composé de 4 quatrains et d'un refrain sous forme de distique (2 petits vers qui sont repris) ;
Forme : 10/4/6/10.
– Un effet de circularité est donné par la répétition du premier vers repris à la fin du poème.
– Les nombreuses répétitions, dont le refrain, donnent une impression de monotonie, de plainte. Grâce à ces répétitions, le poème fait penser à une complainte. Elles soulignent à la fois l'inexorabilité du temps qui passe, de ce qui est révolu et de ce qu'on est condamné à répéter pour se le souvenir.

Fiche 2.5
Avant l'écoute
Dans une grande ville,
– on peut souffrir de solitude, d'incompréhension et de manque d'amour.
– le manque de temps est chronique.

Autour du texte
1.-2. La tristesse et l'anonymat de la vie parisienne empêchent la narratrice de trouver l'amour. Il y a beaucoup de gens à Paris, mais ils ne se regardent pas et ne sourient pas non plus.

Solutions

Fiche 2.6
Avant la lecture

permanent *(aus dem Deutschen)* – polluer *(aus dem Englischen pollution)* – vieillir → *vieux* – une tendance *(aus dem Deutschen)* – frustrant *(aus dem Deutschen)* – l'anonymat *m (aus dem Deutschen anonym)* – un logement *(aus dem Deutschen Logis)* – équivalent, e *(aus dem Deutschen)* – un mythe *(aus dem Deutschen)* – festif, ive *(aus dem Deutschen Fest; Endung -if, -ive typisch für Adj. im Französischen)*

Autour du texte

1.

Avantages	Inconvénients
• Paris est une ville belle et spectaculaire. • On y est anonyme (peut aussi être un inconvénient !). • La vie culturelle est riche. • On peut se passer de voiture parce qu'il y a les transports en commun sont bons. • On peut rencontrer des stars. • Avec le TGV, on peut aller partout à partir de Paris. • On peut souvent faire la fête.	• C'est une ville stressante. • La qualité de vie n'est pas assez bonne. • Paris est pollué. • On ne peut vivre vieux à Paris. • Les manifestations culturelles sont nombreuses mais chères. • Les Parisiens sont impolis. • Il n'y a pas assez de taxis. • L'espace vital est réduit. • On est loin de la montagne et de la mer. • Il y a trop de bruit.

Fiche 2.7
Autour du texte

1. Paris essaie de se retrouver dans les clichés que font de lui les touristes et les photographes professionnels, mais il n'y arrive pas. Sur ces photos, Paris est « mis en scène », ce ne sont que des clichés.
2. Paris n'aime pas l'idée qu'on puisse le « définir » (« cette idée toute faite de sa poésie »). La poésie peut être dans le regard de ceux qui regardent Paris, mais Paris lui-même n'est pas poétique.
3. La dernière phrase est une sorte de non-sens. Parce qu'il change à chaque instant, avant, pendant, après la photo, Paris n'est pas définissable par la photo. Paris n'est pas le Paris des cartes postales.

Fiche 2.8
Après l'écoute

1. Le rendez-vous au Café de la Paix est resté un rêve, une illusion.

Autour du texte

1. + 3. Le narrateur semble avoir tout perdu, il n'est plus la personne que la femme attendue a connue. Il porte des vieux vêtements, sa nouvelle vie ne lui permet pas de les remplacer ; on peut penser qu'il n'a plus d'argent. Il lui reste des clous et un bouton dans ces poches. Il n'a plus de toit non plus, il vit sous les ponts de Paris dans une « maison en carton ». Il boit pour oublier que sa bien-aimée ne viendra jamais au rendez-vous. La seule chose qui pourrait permettre de le reconnaître, c'est le feutre et le pardessus qu'il portait quand il était avec sa compagne. Il semble rester optimiste et trouve que la vie est belle, car il a ses chansons.
2. Ils ont vécu sous le même toit à Paris. Ils aimaient se promener bras dessus bras dessous dans les rues de Paris.

Fiche 2.9
Autour du texte

1. Quand la nuit descend, les clochards se retrouvent sous les ponts de Paris. Les ouvriers qui n'ont pas assez d'argent pour se payer une chambre d'hôtel vont s'aimer sous les ponts. On peut penser que la pauvre mère qui n'a plus de domicile va noyer ses enfants dans la Seine pour en finir avec la misère.

Fiche 2.11
Autour du texte

1. Le narrateur est passager d'un bateau-mouche. Les autres passagers qu'il nomme le « public trivial » se moquent d'un couple d'amoureux qui se regardent dans les yeux pendant tout le voyage.
2.+3. Il y a le narrateur qui observe à la fois les amoureux et les autres passagers observant eux aussi les amoureux. Les amoureux, eux, se regardent l'un l'autre et ne s'aperçoivent pas qu'ils sont la risée des autres passagers.
4. Le narrateur envie aux deux amoureux leur indifférence aux regards des autres.

Solutions

Fiche 2.12
1 h ; 2 f ; 3 i ; 4 c ; 5 a ; 6 d ; 7 e ; 8 b ; 9 g

Fiche 2.13
Autour du texte
1. Paris est une ville stressante où les gens ne sont pas contents et courent partout. Il n'y fait pas beau. À Paris, on cache la misère, on bannit les gens peu riches dans la banlieue, au-delà du périphérique.
2. Paris est devenue une capitale du luxe, ce n'est plus le Paris typique des années 50-60. « Y'a plus d'titis/Mais des minets » (l. 42) : Les « titis » étaient des personnages typiques du Paris des années 50, aux origines sociales modestes et au parlé argotique. Les « minets » sont les jeunes d'aujourd'hui, plutôt riches et à la mode. « Il est fini, l'Paris d'Audiard » (l. 45-46) : Michel Audiard (1920-1985) fut un célèbre dialoguiste et réalisateur de films français. Pour écrire ses dialogues, il s'inspirait du « patois » parisien, moqueur, argotique et poétique à la fois. Le Paris « d'Hédiard » est celui des magasins de luxe qui ont, par exemple à St Germain-des-Prés, pris la place des petites librairies ou boutiques typiques « d'avant ».
3. Paris est unique. Pour le narrateur, elle est la plus belle ville, il ne pourrait vivre sans elle.

Chapitre 3

Fiche 3.1
Autour du texte
2. – Après-guerre, il n'y avait pas de travail en Bretagne, qui était une province rurale. Les provinciaux montaient à Paris pour travailler.
– Dans les années 1960, la Seconde Guerre mondiale est oubliée, les gens veulent s'amuser.
3. La musique rappelle aux nouveaux venus leur région d'origine. C'est au son de la musique que les jeunes se retrouvent pour guincher dans les bals.
4. – Les débuts dans la capitale n'étaient pas faciles pour les nouveaux venus qui avaient été contraints de monter à Paris pour fuir la pauvreté. Ils ont pourtant toujours gardé leur dignité.
– Le narrateur souligne qu'on oublie souvent que les jeunes aussi, dans les années 1960, aimaient s'amuser et qu'il y avait, comme aujourd'hui, des voyous qui étaient violents et cherchaient la bagarre.
– Le narrateur souligne les difficultés de s'intégrer qu'ont les plus vieux. Il remercie les anciens d'avoir entretenu leurs racines bretonnes ou d'ailleurs.
5. Les Bretons qui vivent à Paris ont sans doute des cartes postales de leur région et, s'ils sont originaires de la côte bretonne, des photos de la mer qui leur manque et qu'ils voudraient voir plus souvent « en vrai ».

Fiche 3.3
Autour des textes
1. C'est une vue poétique de la ville de Paris avec la tour Eiffel, longtemps symbole de la modernité à Paris, stylisée en phare breton, et un ciel nocturne où les étoiles sont des circuits intégrés et des notes de musique.
2. Cette affiche est une façon de dire que la Bretagne et Paris sont fortement liés. Avec un peu d'imagination, la tour Eiffel et son éclairage nocturne peuvent rappeler un phare breton. La Bretagne traditionnelle est représentée par le phare. La Bretagne moderne est représentée dans les circuits intégrés et les notes de musique.
3. Il y a tellement de Bretons en région parisienne que la région est presque devenue une annexe de la Bretagne. Les Bretons ont été très nombreux à s'expatrier à Paris dès la fin du XIXe siècle et ont contribué à la « prospérité » de Paris.
4. Les Bretons avaient apparemment la réputation de ne pas être intelligents et de ne pas être modernes.
5. Même s'ils vivent depuis plusieurs générations à Paris, les Bretons ont entretenu des relations fortes avec leur région d'origine et se sentent avant tout « bretons ».
6. L'article du *Télégramme* présente les Bretons sous un jour favorable et critique la désinvolture du président de la République Nicolas Sarkozy qui aurait dit « se foutre » des Bretons.

Fiche 3.4
Autour du texte
2. Le narrateur n'a pas eu une jeunesse facile. Il a été voyou, il a cassé des vitrines, volé des bijoux et volé dans les appartements parisiens. Il a grandi sans père.
3. Le narrateur a le sentiment d'avoir grandi à l'ombre de Paris et de ne pas avoir pu profiter de ce que la ville offre de positif. Il habitait près du périphérique, peut-être dans un grand immeuble d'où il pouvait voir Paris qui le narguait avec ses beaux quartiers et ses gens riches.

Solutions

4. On peut interpréter cette phrase comme le reflet de l'optimisme du narrateur qui essayait à tout prix de sortir de sa pauvreté, au-delà des murs du périphérique.

Fiche 3.8
Autour du texte
1. C'est le Montmartre de la jeunesse du narrateur. Le Montmartre qui était encore un village fleuri de lilas, où habitaient les artistes qui, bien souvent, vivaient pauvrement.
2. + 4. Il était artiste peintre et n'avait pas assez d'argent pour acheter tous les jours à manger. Il échangeait quelquefois une toile contre un repas au restaurant du quartier. Il était amoureux de son modèle, il gagnait sa vie en peignant des nus. Le Montmartre de sa jeunesse est pour lui synonyme de bonheur simple. Le Montmartre d'aujourd'hui a trop changé, le narrateur ne reconnaît plus son quartier.

Fiche 3.10
Lexique pour décrire une image
La palette du peintre : *Palette* ; un tube de peinture : *Farbtube* ; la peinture à l'huile : *Ölfarbe* ; la peinture à l'eau : *Wasserfarbe* ; une aquarelle : *Aquarell* ; un paysage : *Landschaft* ; une nature morte : *Stillleben* ; la peinture figurative/abstraite : *figürliche/abstrakte Malerei* ; une reproduction : *Reproduktion*.

Fiche 3.11
Autour du texte
2. Les bobos, tels que les voit Renaud, ne sont pas très cohérents et quelque peu ridicules. Les bobos sont par exemple « écolo » mais peuvent aussi rouler en 4x4 (l. 25). Ils aiment en secret Jack Lang (gauche « caviar ») et Nicolas Sarkozy (droite « bling-bling ») mais votent officiellement « écolo ». Loin de vivre comme les artistes pauvres de la Bohème d'Aznavour, ils vivent richement et par certains aspects « bourgeoisement ».
3. Renaud souligne les incohérences de la vie de certains bobos. Il exagère peut-être aussi car tous les bobos ne sont pas comme il les décrit, c'est-à-dire pleins de contradictions.
4. Renaud critique les bobos tout en sachant que lui-même en fait partie, et en cela, Renaud est donc encore plus « bobo ».

Chapitre 4

Fiche 4.1
1. La photo montre la fin de la chanson, quand le « justicier de la propreté » arrive sur sa motocrotte et dégaine son aspirateur.
2. Le ton des trois premiers couplets est assez poétique et léger. Le poète a la tête en l'air et admire les façades et les toits des immeubles parisiens.
3. Le conducteur de la motocrotte est décrit comme un héros chevaleresque, un « justicier ».

Fiche 4.2
1. Charlotte n'est pas contente de la propreté à Paris, avant tout parce que les Parisiens ne sont pas propres. Ceux-ci jettent leur chewing-gum, leurs emballages plastique, leurs mouchoirs, leurs vieux appareils ménagers (micro-ondes, etc.) dans la rue. Et en plus, ils urinent dans la rue ! Ensuite, elle trouve qu'il y a trop de crottes de chien sur les pelouses du Parc des Buttes-Chaumont. Elle n'a donc pas tant de reproches à faire aux personnes qui sont chargées de nettoyer Paris, mais à ceux qui ne sont pas propres et ne pensent pas aux autres.
2. Christophe est pour le contrôle de la propreté à l'échelle de « sous-quartiers » par les Parisiens eux-mêmes.
Pour Gentiane, il s'agit d'une question d'éducation.
Thierry suggère de donner plus de moyens aux agents de propreté et de plus les écouter. Augmenter le nombre d'agents serait également souhaitable.
Jean-Pierre propose un slogan : « Un pari mutuel, un Paris propre. ».
Ancy a deux propositions : éduquer dès la maternelle *(Kindergarten)* et faire payer un impôt aux propriétaires de chiens.
Lemulot pense aussi que c'est une question d'éducation et que la propreté devrait être enseignée dans le cadre des cours d'éducation civique. Il aimerait également qu'il y ait plus de poubelles et de toilettes gratuites.
Pascal demande le retour des motocrottes, un impôt pour les propriétaires de chien et la chasse active des pigeons.

Solutions

Fiche 4.3
Au-delà du texte
– Pour prendre un vélo, il faut donner son identité sur une des bornes, accéder au menu et choisir un vélo parmi les vélos proposés par « Vélib' ».
Il est possible de déposer le vélo dans n'importe quelle station de la ville.
– On peut s'abonner pour un an après avoir rempli et renvoyé un formulaire à « Vélib' » avec une pièce d'identité. L'abonnement coûte 29 € par an. On obtient une carte « Vélib' ». La première demi-heure est toujours gratuite.
Il est également possible de s'abonner pour une journée ou une semaine. Pour une journée, le tarif est de 1 €, pour une semaine il est de 5 €.
– Pour louer un vélo, il faut avoir une carte « Vélib' » (1 an) ou un compte bancaire pour les autres tarifs. Sur le compte, il doit y avoir au moins 150 €.
– Pour un trajet de 75 min et donc aussi pour 70 min, il faut payer 3 €.
– Les stations où on pourrait prendre un vélo sont : rue Guynemer, rue Auguste Comte, rue Henri Barbusse, boulevard Saint-Michel, près de la station du RER, rue Condé
– Il y a une station tous les 300 mètres.
– Après 24 heures, il faut payer 150 € de garantie.

Fiche 4.4
1. Paris Rando Vélo est une association qui organise des randonnées en vélo à Paris. Celles-ci ont lieu le vendredi soir et partent de l'Hôtel de Ville.
2. Ce texte est avant tout informatif et fait de la publicité pour cette association.

Fiche 4.5
1. L'atmosphère est explosive. Les démotorisés s'insultent et sont aussi peu civiques que peuvent l'être les automobilistes parisiens.
2. Les balades de Paris Rando Vélo sont censées se dérouler dans le calme et la convivialité. Sur le dessin de Désert et Fab, c'est tout le contraire.

Fiche 4.7
Avant la lecture
1. « un **dés**-accord » est le contraire d'un « accord » / « **in**utilis**able** » : qu'on ne peut pas utiliser / « idyllique » : *aus dem Deutschen abzuleiten* / « développer » : *aus dem Englischen abzuleiten* / « éliminer » + « extrémiste » : *aus dem Deutschen erklärbar* / « polluer » : *aus dem Englischen erklärbar*.

Autour du texte
1. Vélorution est une association qui veut permettre aux cyclistes de circuler dans Paris plus facilement et plus sûrement.
2. Le mot « révolution » contient les lettres du mot « vélo ». « Vélorution » pourrait être une sorte de mot-valise né du croisement entre « révolution » et « vélo ». En faisant allusion au mot « révolution », l'association montre la radicalité de son engagement.
3. L'auteur du commentaire n'est pas aussi radical que l'association Vélorution et ne voudrait pas éliminer complètement les voitures et les deux-roues motorisées de Paris. Il propose de faire payer un impôt aux automobilistes et motocyclistes et d'améliorer les pistes cyclables.

Fiche 4.9
Autour du texte
1. Le mythe de la tour de Babel est une tentative d'explication de la multiplicité des langues dans le monde. Le métro parisien est une sorte de tour de Babel après que Dieu a décidé qu'il n'y aurait pas de langue unique. On peut y rencontrer des personnes originaires d'Afrique et d'Asie qui y ont l'air comme déplacées « dans ce lieu souterrain et nomade où ils ne pensaient pas se retrouver un jour » (l. 6-7).
2. Ce sont en majorité des personnes issues d'Afrique du Nord qui se distinguent par leurs habits et accessoires et leur physique.
3. Il s'agit d'une allusion à l'Empire colonial français qui s'étendait notamment en Afrique, en Asie et aux Antilles. Cet empire a disparu, les pays colonisés ont, pour la plupart, obtenu leur indépendance. Beaucoup de personnes originaires de ces pays sont venues tenter leur chance en France, fuyant la pauvreté et la guerre dans leur pays.

Solutions

Fiche 4.11
Petit lexique du métro

Mots et expressions français		Traduction en allemand
la RATP		Abkürzung für **R**égie **A**utonome des **T**ransports **P**arisiens
le RER		Abkürzung für **R**éseau **E**xpress **R**égional
le métro		die U-Bahn
	prendre le métro (à la station…)	die U-Bahn (an der Haltestelle) nehmen
	monter dans le métro	in die U-Bahn einsteigen
	manquer / rater / louper *fam* le métro	die U-Bahn verpassen
	changer de métro à	an einer Haltestelle umsteigen
le réseau		das U-Bahn-Netz
	la ligne de métro	die U-Bahn-Linie
	cette ligne de métro dessert le quartier de la Bastille.	diese U-Bahn-Linie fährt das Bastille-Viertel an.
	la rame de métro	der U-Bahn-Zug
	la station de métro	die U-Bahn-Haltestelle
	la bouche de métro	der U-Bahn-Eingang
	le couloir du métro	der Gang
	le passage souterrain	die Unterführung
	le portillon de métro	der Ticketkontrolldurchgang
	l'escalier *m* / l'escalator *m* / le tapis roulant / l'ascenseur *m*	die Treppe/ die Rolltreppe / das Laufband / der Fahrstuhl
les aspects pratiques		
	un passager, une passagère	ein Fahrgast
	un ticket	eine Fahrkarte
	un aller	eine Hinfahrt
	un aller-retour	eine Hin- und Rückfahrt
	la zone tarifaire	die Tarifzone
	un carnet	zehn Fahrkarten
	la carte orange	eine Wochen-/Monatskarte
	une réduction	eine Ermäßigung
	avoir droit à une réduction	ermäßigungsberechtigt sein

Fiche 4.12
Autour du texte

1. Thèmes abordés dans la chanson :
la publicité envahissante dans le métro ; la sécurité dans le métro ; ce qu'on peut y faire et ce qui peut nous y arriver.
2. Le refrain souligne l'absurdité/la fausse naïveté du slogan publicitaire de la SNCF puisque le clochard qui est assis dans le métro ne peut pas partager le progrès. Le progrès ne vaut donc rien.
3. La chanson de Service Public est un hommage à Fulgence Bienvenüe qui a « enterré » le métro et créé un moyen de transport confortable « au chaud l'hiver, au frais l'été » (l. 29). La chanson de Volo souligne en revanche l'inconfort du métro et du RER où l'on se sent mal à l'aise.

Solutions

Fiche 4.13

Autour du texte

1. a. le chômage ; les saisons *f* et leurs problèmes ; les bagarres *f* ; la famille ; le manque d'abri ; les conditions *f* d'hygiène ; la vie professionnelle

2. L'été, contrairement à ce que pensent les gens, les SDF n'ont pas la vie plus facile qu'en hiver. Les bagarres sont déclenchées plus vite. Comme il fait chaud et que les SDF ne peuvent pas se laver souvent, ils sentent mauvais plus vite qu'en hiver.

3. « Zyeux verts » répète souvent les mêmes termes plusieurs fois ce qui fait de son monologue une complainte.

Fiche 4.14

Autour du texte

1. C'est l'histoire d'un homme qui joue l'estropié pour avoir de l'argent des passagers du métro. Deux voyageurs commentent la scène, disent qu'ils voient régulièrement ce genre de personne sur leur ligne et pensent que ces estropiés viennent d'un pays en guerre.

2 + 3. Dans *Rouge métro*, le monologue du SDF est authentique, Zyeux verts est vraiment au désespoir, tandis que le monsieur estropié trompe les voyageurs et profite de leur pitié.

Fiche 4.15

1. Dès que les passagers du métro voient arriver le musicien, ils sortent leur journal pour faire comme s'ils étaient occupés et n'écoutaient pas la musique. Ils ne veulent pas donner d'argent. Dès que le musicien est reparti, ils rangent leur journal.

2. Le musicien ne parle pas très bien français, on le sait grâce au titre de la BD. Peut-être qu'il vient d'Europe de l'Est.

3. Les passagers du métro n'ont pas l'air heureux du tout et sont en plus mesquins, parce qu'ils se cachent derrière leur journal.

Fiche 4.16

1. C'est l'histoire d'un homme fatigué qui arrive sur le quai du métro. Il y a aussi des SDF qui attendent là. Sur le quai d'en face, il y a une femme qui ne le regarde pas et rêve certainement de son prince charmant. Les métros arrivent, l'homme et la femme montent dans leur métro respectif et sont de nouveau, pour un court instant, face à face, mais ne se regardent pas non plus.

2. L'homme pense qu'il n'a pas le droit de se plaindre parce qu'il sait qu'il est moins malheureux que les SDF qui sont aussi sur le quai du métro.

3. L'allitération en [s] dans la première ligne du 3e couplet renforce l'impression que la femme se fait toute petite sur le quai, serrant son sac contre elle et fixant ses pieds. L'assonance en [wa] dans les 2e et 3e lignes du couplet caractérise l'ouverture à laquelle aspire la femme, elle aimerait sortir emmenée par son prince charmant. L'assonance en [o] de la dernière ligne du couplet peut renforcer la sentence des propos et l'impression que l'on demeure dans un monde clos, où il n'y a aucune chance qu'un cheval puisse arriver.

3. Le métro est un petit monde clos où beaucoup de gens se croisent sans jamais oser se parler ni se regarder.

Fiche 4.17

Avant la lecture

un imbécile, un idiot – faire l'amour – un enfant – un directeur d'entreprise – se donner beaucoup de mal pour – mourir – plein de

Autour du texte

1. c.

2. Ella est déprimée et assez pessimiste, elle évoque le suicide mais dit aussi qu'elle a encore un peu d'espoir (« Et puis qu'on le veuille ou non, on attend toujours quelque chose. » (l. 15)).

3. Dans sa vie, c'est l'argent et la drogue qui comptent et il n'y a pas de place pour les sentiments. Elle consomme tellement de cocaïne que son nez fonctionne comme un aspirateur. Elle ne pense qu'à sortir, aller au lycée ne l'intéresse pas. Elle connaît beaucoup de gens mais elle n'a pas de vrais amis.

Solutions

Chapitre 5

Fiche 5.1
Autour du texte
1. Les loups viennent de Croatie, de Germanie (l. 28) pour envahir et piller Paris.
2. Les Parisiens avaient perdu le goût à la vie.

Fiche 5.3
Autour du texte
Paul Éluard participe à la littérature clandestine à la tête du Comité national des écrivains de la zone Nord. Le poème *Courage* est extrait du recueil *Poésie et Vérité*, publié en 1942.
1. Exhortation à une ville occupée à se libérer de l'occupant qui l'étouffe et l'affame.
3. Les ennemis ne sont pas seulement les nazis casqués, gantés et bien élevés (l. 26-27), mais aussi les Français qui se sont laissés convaincre par la propagande nazie (l. 36-39).
4. Ce poème dénonce la pauvreté dans laquelle vivent de nombreux Parisiens sous l'Occupation nazie. Mais il voit la force et l'optimisme qui résident dans ces personnes et incite les Parisiens à la révolte contre l'occupant.

Fiche 5.4
Autour du texte
1. *Paris* d'Aragon.
Aragon est un poète engagé du XXe siècle qui proteste contre la barbarie de la guerre et écrit pour la liberté. Le poème « Paris », issu de l'œuvre *La Diane française* a été écrit en 1944, lors de la Seconde Guerre mondiale. Ce poème traite de la guerre et prédit un avenir victorieux à la ville de Paris alors que, au moment de l'écriture, la guerre n'est pas encore terminée.
2. Paris a beau être en partie détruit, l'espoir demeure. Le poète est sûr que le Paris qu'il aime tiendra tête à l'occupant et sera vainqueur.
3. L'auteur a recours à de nombreux procédés stylistiques. Les questions rhétoriques (l. 1-2) et les anaphores (« Rien ne… ») produisent un effet galvanisant sur le lecteur. Grâce aux métaphores, Paris est magnifié, il est comparé à un brûlot puis à une personne insurgée (« sang » de Paris (l. 10)) dont le « front » est pur (l. 12). Les allitérations nombreuses, par exemple l'allitération en [k] dans la 1ère strophe, en [p] dans les 2e et 3e strophes, renforcent la détermination et l'optimisme des propos du poète.
4. Dans les deux poèmes Paris est fort. Les deux poèmes sont un appel à la liberté et la victoire de l'occupé sur l'occupant. Les deux poètes s'engagent et incitent les Français à la révolte.

Fiche 5.5
Autour du texte
1. Dans la chanson, il est question de la destruction de certains quartiers de Paris. Paris se transforme de jour en jour jusqu'à ce qu'on ne reconnaisse plus la ville.
2. Sous l'image du « zombie » se cache celle du progrès. Les « zombies » ont l'autorisation officielle de démolir délivrée par la mairie.

Fiche 5.6
Autour du texte
1. Le texte porte sur la destruction des vieux quartiers de Paris et la conservation du patrimoine.
2. On détruit de plus en plus de quartiers à Paris. La capitale ressemble à certains endroits à une ville qui a été détruite par la guerre, on détruit, avec l'autorisation officielle de la mairie, mais on ne reconstruit pas tout de suite.
3. Kutschera n'arrive pas à reconnaître les critères qui conduisent à détruire ou à sauvegarder certains monuments appartenant au patrimoine. Il trouve que la notion de patrimoine est trop vague et restreinte (limitée dans le temps). On a tendance à démolir les quartiers populaires du 19e siècle qui avaient été construits à l'échelle de l'individu et étaient en harmonie avec l'environnement.
4. Les « quartiers-musées », ce sont des quartiers très anciens, monumentaux, comme celui du Marais à Paris.
5. Il faudrait redéfinir la notion de patrimoine. La France semble ne pas accorder assez d'importance à l'architecture d'après 1850 et notamment à l'architecture populaire du XIXe siècle.